Fröhliche

WEIHNACHTEN

Maria Buchheim

Fröhliche WEIHNACHTEN

Mit 50 Rezepten,
exklusiv fotografiert
von
Hans Joachim Döbbelin

SIGLOCH
EDITION

Inhalt

Von legendären Gestalten und alten Bräuchen

Früh im Herbst finden sich die ersten Lebkuchen im Laden. Anfang November, lange vor Advent, dekorieren viele Geschäfte schon mit Kunstschnee, Sternen, Lichterglanz. Es fällt manchmal schwer, sich in den Wochen vor Weihnachten auf den eigentlichen Anlaß zu besinnen.

Gut 1,5 Milliarden Christen leben auf der Welt. Für die meisten bedeutet Weihnachten neben Ostern das höchste Fest im Jahreslauf. Nicht nur, um still, ausgelassen oder fröhlich Christi Geburt zu feiern, werden oft umfangreiche Vorbereitungen getroffen. Man will vor allem seinen Mitmenschen und sich selbst etwas gönnen, und sei es nur in Form von besonders gutem Essen. An Vorschlägen dafür soll es in diesem Buch nicht mangeln. Und für Abwechslung ist gesorgt, die Auswahl an Gerichten ist international.

Aber zunächst zurück zu den Anfängen. Jesu Geburt soll durch den hellen Stern von Bethlehem angezeigt worden sein. Zwar hat Johannes Kepler das Anfang des 17. Jahrhunderts damit erklärt, daß sich die Planeten Jupiter und Saturn im Jahre 7 n. Chr. für das menschliche Auge besonders nahe kamen. Diese astronomische Besonderheit war aber damals nicht bekannt und der Stern wurde von zahlreichen Menschen im römisch besetzten Palästina als Zeichen für die Ankunft eines Propheten gedeutet.

Die ersten Christen wurden scharf verfolgt. Über Jahrhunderte konnte das Bekenntnis zur neuen Religion gefährlich werden, sogar mit dem Tod enden. Zum Feiern in Saus und Braus, was bei manchen Römern gang und gäbe war, dürfte es also nur wenigen Christen zumute gewesen sein. Anfangs galt nur Ostern in der jungen christlichen Kirche als wichtiger Anlaß für ein Fest. Das genaue Datum von Christi Geburt und Taufe wurde zunächst auf den 6. Januar, das heutige Erscheinungsfest, gelegt; auf einen Feiertag, der in der orthodoxen Kirche bis heute seine große Bedeutung beibehalten hat.

Ein größeres Fest mitten im Winter abzuhalten, wenn – zumindest auf der Nordhalbkugel – die Tage wieder länger werden und von den Vorräten des letzten Herbstes noch einiges verbraucht werden kann, ist ein Bedürfnis, das unabhängig von der religiösen Überzeugung in der Natur der Sache liegt. Schon die Römer, Perser, Syrer, Ägypter und Germanen verfuhren lange vor den Christen ähnlich, als sie ihren jeweiligen Sonnengöttern huldigten oder Mittwinter feierten.

Aber es ist auch Tatsache, daß sich viele Christen im Mittelalter nach dem Martinstag am 11. November daran hielten, 40 Tage zu fasten. Und auf Zeiten der Enthaltsamkeit mußte eine Zeit des Überflusses folgen.

Damit sind wir bei solchen Menschen, um die sich zahlreiche Geschichten ranken, die irgendwie mit Advent und Weihnachten zu tun haben. Der heilige Martin, 316 oder 317 als Sohn eines römischen Tribuns geboren und zunächst selbst Soldat, trat später aus dem Militärdienst aus. Er gründete das erste Kloster in Gallien, wurde dann Bischof von Tours und wurde doch fast immer als großmütiger Reitersoldat dargestellt: Er teilt mit einem frierenden Bettler am Stadttor von Amiens sei-

Weihnachtsmärkte gibt es in vielen Städten, kleiner, größer, gut, sehr gut besucht, zeitweise überlaufen. Selten jedoch strahlt die Umgebung bereits so viel Glanz aus wie das Augsburger Rathaus, ein Meisterwerk der Renaissance, erbaut von Elias Holl.

„Schlamperwand" als Adventskalender

nen Mantel, eine Szene, die bis heute gerne nachgespielt wird. Schon bald nach seinem Tod erbat man sich Sankt Martins Beistand bei Feldzügen, Könige trugen seinen Mantel in der Schlacht voraus, und im Mittelalter galt er als Patron des Weideviehs.

In die eigentliche Adventszeit, auf den 4. Dezember, fällt der Barbaratag. Eine Legende über die im Jahre 306 hingerichtete christliche Märtyrerin besagt, Barbara sei wegen ihrer Anmut und Schönheit von ihrem andersgläubigen und eifersüchtigen Vater in einen Turm gesperrt worden. Mit dem Wasser ihres Trinknapfes habe sie hinter Gittern einen verdorrten Kirschbaumzweig genährt. Dieser sei tatsächlich aufgeblüht. Wer heute am 4. Dezember frisch geschnittene Obstbaumzweige ins Wasser stellt, erlebt sie zu Weihnachten in schöner Blüte. Die heilige Barbara zählt zu den 14 Nothelfern, die bei Feuersnot, Gewitter, Fieber und Pest angerufen werden. Und sie ist die Schutzheilige der Bergleute.

Auch Nikolaus, sein Tag ist der 6. Dezember, gehört in dieselbe Reihe der Schutzheiligen wie Barbara. Gefangene, Bäcker, Apotheker, Schiffer, Kaufleute (der Hanse) und Juristen bau(t)en auf seinen Beistand – und natürlich die Kinder und Schüler. Auf welchen Menschen genau unsere heutigen Bräuche zurückgehen, läßt sich nur vermuten: teils auf den Bischof von Myra, einer ehemaligen Hafenstadt in Südanatolien, teils auf Abt Nikolaus (gest. 546) aus dem Kloster Sion bei Myra. Nikolaus wurde schon im 6. Jahrhundert verehrt; zunächst in der griechischen Kirche, dann in der russischen, schließlich in ganz Europa, im späten Mittelalter erreichte seine Beliebtheit ihren Höhepunkt. In reformierten Regionen spricht man zwar lieber vom Weihnachtsmann oder von Knecht Rup(p)recht. Gleich wie benannt, ein bärtiger Nikolaus bewirkt besonders bei kleineren Kindern bis dato eine Mischung aus Freude auf Geschenke und Bange vor Tadel oder Strafe.

Eine Legende von vielen soll erläutern, warum Nikolaus so beliebt wurde. Es wird berichtet, der Bischof habe durch die Herausgabe seiner Kirchenschätze eine drohende Hungersnot von Myra abgewendet: Seeräuber ließen daraufhin die ersehnten Getreideschiffe aus Ägypten in den Hafen einlaufen.

Wenn also am Abend des 5. Dezember ein geputzter und polierter Stiefel vor die Tür gestellt wird und am nächsten Morgen reich gefüllt mit „Äpfeln, Birnen, Nuß und Kern" die Herzen erfreut, so hat dies eine lange Tradition. Geschieht es heimlich, war's Nikolaus alleine oder in Begleitung. Besucht er jedoch am Tag einen Kindergarten, dann kann der Geselle mit der Rute, den er mitbringt, verschiedenste Namen tragen: Ist er in einen dunklen Mantel gehüllt, mit Schlapphut und zerzaustem Bart, spricht man vom Pelzmickel, Pelzmärtel, Hans Muff. Noch deutlicher verweisen die Bezeichnungen schwarzer Mann, schwarzer Piet oder gar Beelzebub darauf, daß mit des guten Nikolaus' Begleiter ein Naturgeist oder der Teufel selbst gemeint ist. Selbst wenn ihn Nikolaus an die Kette gelegt hat, flößt er doch etwas Furcht ein.

Vor einer größeren Zahl solcher wilder Gestalten mit Hörnern und rußgeschwärztem

Gesicht, wie sie beim süddeutsch-österreichischen Perchtenlaufen (nach Percht oder Perchta, einer Anführerin dämonischer Wesen) am 6. Januar auftreten, oder gar vor den Buttenmandln, die vollständig in Stroh gehüllt wie Igel aussehen und den Nikolaus begleiten, sollten sich besonders die Halbwüchsigen in acht nehmen.
Ähnliche Bräuche werden in unterschiedlicher Form in der Zeit zwischen Anfang Dezember und 6. Januar gepflegt, wenn die Nächte am längsten sind. Eine Zeit auch, in der sich unsere Vorfahren vor den wilden Geistern zu fürchten hatten, die begleitet von Nebel, Sturm und Schnee durch die Luft brausten und in die Behausungen einzudringen versuchten.
Und da mußte man ja wohl gegenhalten, seinen bangen Empfindungen ein Ventil verschaffen. Das geht zum einen mit den soeben beschriebenen Darstellungen, aber auch durch viel Licht von Kerzen und Fackeln. Die wurden schon immer im Haus und im Stall zur Abwehr aufgestellt, fanden sich später am Weihnachtsbaum und noch später – seit der Mitte des 19. Jahrhunderts – auch am Adventskranz.
Die Vorstufen zu unseren heutigen Weihnachtsbäumen sind recht alt. Außer Kerzen nahmen sich die Leute bereits im ausgehenden Mittelalter immergrüne Zweige von Buchsbaum, Tanne, Stechpalme, Eibe oder Wacholder ins Haus, um im kahlen, oft dunklen Winter etwas Grün um sich zu haben. Später wurden daraus kleine Bäume, die Anfang des 17. Jahrhunderts bereits ersten Schmuck aufwiesen, was erstmals aus Straßburg im Elsaß überliefert ist. Kerzen trugen sie aber noch nicht. Das wurde erst von 1700 an Sitte, und begüterte Familien leisteten sich gar für jedes Familienmitglied einen Baum.
Nicht so in Süddeutschland, denn da hielt man sich bis um 1900 weniger an den Baum als vielmehr an die heute noch besonders in Italien beliebten Krippen mit vielen, vielen

Figuren. Das älteste aufgezeichnete Krippenspiel stammt immerhin aus dem Jahre 1275, es wird in der St. Galler Stiftsbibliothek aufbewahrt. – Ob der gezuckerte Stollen, wie wir ihn heute gerne essen, genauso alt ist, scheint unwahrscheinlich. Er könnte uns leicht an das in Windeln gewickelte Christkind erinnern. Laibe wie Stollen oder Früchtebrote lassen jedenfalls mehrere Deutungen zu: Zu Zeiten des frühen Christentums könnten sich Opferbrote für Götter und Naturgewalten zu Weihnachtsbroten gewandelt haben. Ähnlich verhält es sich mit den ab und an auftauchenden Tiergestalten; sie sind als Anklänge an die alten Tieropfer zu verstehen. Weiter wollen wir diese Auslegungen aber nicht treiben, statt dessen uns einfach an Sonne, Mond, Sternen, Tannenbäumen, Stiefeln oder Herzen erfreuen, ob sie nun das Zimmer schmücken oder gebacken auf dem Teller liegen.
Unser kleiner Streifzug durch die Bräuche in der Advents- und Weihnachtszeit ist hier zu Ende. Sie sind wohl überall etwas verschieden, doch stets auch Erinnerung an die eigene Kindheit.

Vom Basteln und Schmücken

Im Kapitel zuvor kurz erwähnt wurde bereits der Adventskranz. In seiner Urform als Kronleuchter bekam er an jedem Dezembertag eine Kerze mehr, bis Weihnachten waren es vierundzwanzig. Heute dient ein Ring aus Holz oder aus Metall mit 4 Kerzenhaltern als günstige Stütze. Die Art der Zweige, Kerzenform und -farbe, zusätzlicher Schmuck durch farbige Früchte, Kordeln oder Bänder lassen dann Spielraum für Ihre Phantasie. Oder Sie stellen gleich kleine Nikolausfiguren aus Kordeln her wie im Bild oben.

Wem die Kombination aus Zweigen und Kerzenlicht zu gefährlich ist, schaue sich einmal auch in anderen Ländern um: In Skandinavien beliebt sind große Sterne aus dünnem, bemaltem Holz, die auf dem Tisch liegen, darauf Kerzenhalter und schlichte figürliche Darstellungen des Weihnachtsbaumes oder von verschneiten Bäumen ebenfalls aus Holz.

Eine andere Möglichkeit, die Zimmerbrandgefahr auszuschalten und trotzdem prächtigen Schmuck zu haben, sehen Sie auf der rechten Seite. Zudem eröffnet solch ein kerzenfreier Kranz noch Möglichkeiten, Elemente anzubringen, die sonst kaum Platz hätten. So üppig, wie er dort hängt, ersetzt dieser Kranz beinahe schon einen reich geschmückten Baum. In den USA weisen von Sternmustern durchbrochene, ausgehöhlte Kürbisse, Mandarinen- oder Orangenschalen den Weg ins vorweihnachtlich geschmückte Haus.

Gedruckte Adventskalender sind eine Erfindung unseres Jahrhunderts. Heute kann man sie oft schon für sehr wenig Geld kaufen, meist mit einer süßen Kleinigkeit hinter den Türchen. Der Aufwand, sich einen schönen Kalender selbst zu gestalten, ist aber gar nicht groß. Ganz einfach ist es, an einer langen Schnur quer durchs Zimmer lauter kleine Säckchen zu hängen, die neugierige Fingerchen dazu verlocken, sich den Inhalt zu ertasten. Ist in solcher Textilverhüllung jedoch nur ein Zettel, nicht das Geschenk selbst enthalten, so bleibt doch ein Rest Überraschung erhalten.

Noch weniger Arbeit macht der Kalender, der auf Seite 8 gezeigt wird. Weil die „Schlamperwand" sonst einen anderen Dienst tut, hat sie nur 18 Täschchen. So hängt man eben für die fehlenden Dezembertage bis zum 24. extra etwas an.

Manchmal tut vielleicht auch dem Baumschmuck etwas Abwechslung gut. Anstatt die handelsüblichen Kugeln anzuhängen, die über die Hälfte der deutschen Weihnachtsbäume

schmücken, können mit etwas Zeit und Geschick beispielsweise Äpfel gebastelt werden: mit buntem Papier, Glanzpapier, Schere, Nähnadel und -garn. Oder am Baum hängen Schneebälle, Schneeflocken und Schneemänner, die aus Materialien wie Styroporkugeln, Holzperlen, Gold- oder Silberkordeln sowie weichem, weißem Stoff und Pfeifenputzern leicht herzustellen sind.
Wer gut mit der Blechschere umgehen kann, schneidet sich aus einem 0,5 mm dünnen Eisenblech, das noch glänzt oder bereits etwas Patina aufweist, Sonne, Mond und Sterne heraus. Poliert und mit Klarlack gestrichen, ergeben sie einen ganz ungewöhnlichen Weihnachtshimmel oder Schmuck für den Baum.
Bei diesen wenigen Beispielen müssen wir es leider bewenden lassen. Doch Anregungen lassen sich immer genügend finden für Fensterbilder, Wurzelgestecke, hübsche Geschenkschachteln oder Tischschmuck von einfach bis aufwendig.

Andere Länder, andere Sitten

Einzelnes wurde schon erwähnt, nun der Reihe nach ein Blick in adventliche und weihnachtliche Stuben oder Straßen in aller Welt. Bei allen Unterschieden kommt doch dem Tannenbaum – ob nun gewachsen oder gar aus Kunststoff – eine zentrale Bedeutung zu: immergrünes Symbol für das Leben und die Treue Jesu Christi.

In den langen Nächten der nordischen Länder freute man sich schon zu germanischen Zeiten besonders auf das Mittwinterfest Jul. Von da an steigt die Sonne wieder langsam, es gab bei guter Ernte im alten Jahr Grund genug zu feiern, war sie nicht so ergiebig, mußten die verantwortlichen Götter für das folgende Jahr freundlich gestimmt werden. Jul heißt zumindest in Schweden das Weihnachtsfest noch heute. Von den alten bäuerlichen Traditionen blieb einiges erhalten, auch nachdem das Julfest im späten Mittelalter mit Weihnachten zusammengelegt wurde. Julstroh wurde auf den Boden der Stube verteilt, alle schliefen und frühstückten am ersten Weihnachtstag darin. Danach wurde ausgiebig getafelt, getanzt, gespielt. So bekamen die Dienstboten, die ihre Stelle wechselten, noch einiges Gute vom vergangenen Jahr ab. Wer blieb, natürlich ebenso. Auch Lohn wurde gezahlt, und dazu zählten Extrarationen Essen oder allerlei praktische Dinge. – Ist das heute in etlichen Betrieben nicht ähnlich?

Die Gestalt des Julbock zieht sich durch die Geschichte: Früher als kräftige Wurzel oder als Holzklotz, den man in Brand setzte und damit feierlich das Herdfeuer anzündete; dann auch in Fell verkleidet oder mit Stroh umhüllt, Symbol für ein heiliges Tier, später für den Teufel. So ging das Wesen am zweiten Weihnachtstag um. Stark verkleinert als Schmuck finden sich noch viele aus Stroh geflochtene Ziegenböcke in skandinavischen Häusern. Heute ißt man dort am 24. Dezember eher bescheiden, gönnt sich dann aber am 25. meist einen üppigen Schmaus, in dessen Mittelpunkt ein knusprig gebackener Weihnachtsschinken steht. Jultomte heißt der Weihnachtsmann, er kommt von weither aus Lappland und bringt die Geschenke auf einem Rentierschlitten in einem Sack mit.

Wir begegnen ihm wieder in England, wo er Santa Claus genannt wird, ebenfalls einen Rentierschlitten steuert, allerdings durch die Lüfte kommt. So kann er in der Nacht des 24. Dezember seine Geschenke einfacher durch die Kamine befördern, an denen die Strümpfe der Kinder auf Süßes warten. Allgemein wird im Inselreich Weihnachten fast noch ausgelassener begangen als in Skandinavien: mit Liedern, ausgiebigen Festessen und einer Feier am ersten Weihnachtstag, ähnlich wie bei uns Silvester. Knallkörper explodieren, viele Leute tragen lustige Papierhütchen und machen Gesellschaftsspiele. Geschmückt werden die Häuser durch den Weihnachtsbaum, aber auch durch Misteln, Stechpalmen und bunte Papierschlangen.

In den Niederlanden ist es der Tag des Sinterklaas alias Nikolaus, Schutzheiliger der Seeleute, um den sich mehr dreht als um Weihnachten. In die Küstenorte fährt er sogar manchmal mit einem Schiff. Überall ist es Brauch, daß die Kinder ihre Schuhe nebst

Wunschzettel ein paar Tage vor dem 6. Dezember auf den Kamin stellen – und daneben Wasser, eine Möhre oder Heu für das Pferd von Sinterklaas. Wer etwas verschenkt, soll zu seinem Päckchen auch ein Gedicht verfassen, ein kleines, zum Beschenkten passendes. Weihnachten selbst wird hier dann ohne großen Aufwand gefeiert.

Nach Frankreich gelangte der Weihnachtsbaum erst um 1840, sonst finden sich auch hier Misteln und Stechpalmen. Dann gab es noch ein dickes Holzscheit, das man am Weihnachtsabend in den Kamin legte und dessen Asche auf die Felder gestreut wurde, damit die Fruchtbarkeit erhalten bleibe. Sonst füllt gutes Essen im Restaurant, meist mit Freunden und Familie, oft den ganzen Abend des 24. Dezember aus. In derselben Nacht kommt dann Père Noël durch die Kamine mit den Geschenken, früher gab es sie erst in der Neujahrsnacht.

Wieder anders als einst in Frankreich liegen die Hauptfeierlichkeiten in Spanien und Portugal: Am Weihnachtsabend selbst veranstaltet man ein Feuerwerk, ißt, trinkt, tanzt und ist die ganze Nacht fröhlich. Am 6. Januar geht es zur Kirche, und dann werden auch die Kinder beschert. Lange Zeit spielte die Krippe eine weit größere Rolle als der Weihnachtsbaum. Dabei ist es bis heute in Italien geblieben.

Ähnlich wie in Südeuropa spielt sich Weihnachten in Südamerika ab: laut, ausgelassen, lustig, weitgehend auf der Straße, es ist dort ja Sommer. Wer einen Christbaum braucht, kann einen (importierten) aus Kunststoff kaufen, denn Tannen oder Fichten wachsen hier kaum.

In den USA mischen sich verschiedene Traditionen, so wie die Einwanderer kamen. Es heißt aber, der Rummel vorm Fest beginne in den Städten besonders früh, nämlich am 1. November; die Reklame und der Christbaumschmuck seien bunter als anderswo – wovon das Bild oben aus New York ein wenig vermittelt. Eines steht aber fest: Nirgends sonst kann man einen Gottesdienst unter einem 3000 Jahre alten Mammutbaum mit 12 Metern Durchmesser feiern. Nur in Kalifornien ist das möglich.

Stutenkerle

Für den Teig:

500 g Mehl
30 g Hefe
knapp ¼ Liter lauwarme Milch
80 g Zucker
100 g Butter
1 Ei
1 Päckchen Vanillezucker
abgeriebene Schale von 1 unbehandelten Zitrone
1 Prise Salz
1 Ei zum Bestreichen
Rosinen oder Korinthen zum Verzieren
Mehl und Fett für das Brett und Blech

Das Mehl in eine Backschüssel geben, in die Mitte eine Vertiefung eindrücken, die zerbröckelte Hefe mit etwas Milch und Zucker hineingeben und mit etwas Mehl zu einem flüssigen Vorteig verrühren, der 20 Minuten zugedeckt gehen muß. Dann nach und nach die restlichen Teigzutaten dazugeben, alles kräftig durcharbeiten.

Den Teig zugedeckt nochmals 30 Minuten gehen lassen, danach auf dem bemehlten Backbrett bleistiftdick ausrollen, Stutenkerle ausschneiden und auf das gefettete Backblech legen, mit verquirltem Ei bestreichen. Mit Rosinen und/oder Korinthen verzieren (Augen, Nase, Mund, Knöpfe usw.), in Mund und Oberkörper nach Belieben eine Tonpfeife drücken. Die Stutenkerle im vorgeheizten Backofen etwa 20 Minuten bei 180 bis 200 °C (Gas Stufe 3) backen, herausnehmen und auf einem Kuchengitter abkühlen lassen.

Ursprünglich waren die freundlichen Gebäckmännlein nur im Sauerland und in benachbarten Gegenden, so im Ravensberger Land, verbreitet. Heute finden auch Kinder in anderen Regionen am Morgen des Nikolaustages oft einen Stutenkerl auf ihrem Teller: eine Mannsfigur mit groben Umrissen, etwa 25 cm hoch, mit angewinkelten Armen und in den Taschen versenkten Händen. Am einfachsten lassen sich die Figuren ausschneiden, wenn man sich eine Schablone aus Zeichenkarton macht.

Husarenbusserl
Rosinenblätter

Für etwa 50 Husarenbusserl:

- 70 g weiche Butter
- 60 g weiches Schweineschmalz
- 70 g Zucker
- ½ TL abgeriebene unbehandelte Zitronenschale
- 1 Ei
- 180 g Mehl
- 25 g Semmelbrösel oder Paniermehl
- etwa 75 g Johannisbeergelee
- Fett und Mehl für das Backblech

Butter, Schmalz und Zucker schaumig rühren, Zitronenschale und Ei untermischen. Mehl und Semmelbrösel oder Paniermehl gemischt unter den Teig rühren. Teig zu kleinen Kugeln formen. Kugeln auf ein gefettetes, mit Mehl bestreutes Backblech legen. In die Mitte der Teigkugeln mit einem Kochlöffelstiel kleine Mulden drücken und mit dem Johannisbeergelee füllen. Bei 180 °C (Gas Stufe 2–3) in etwa 20 Minuten goldbraun backen.
Nach dem Backen sofort vom Blech nehmen und zum Auskühlen auf ein Kuchengitter legen.

Die Zutat Schweineschmalz für die Husarenbusserl ist nicht unbedingt nötig. Wer es sonst nie verwendet, kommt auch gut mit Butter, dann eben mit der doppelten Menge, zurecht.

Für etwa 75 Rosinenblätter:

- 3 Eier
- 175 g Zucker
- abgeriebene Schale von ½ unbehandelten Orange
- 1 Messerspitze Zimt
- 125 g Mehl
- etwa 90 g Rosinen
- Fett und Mehl für das Backblech

Eier, Zucker, Orangenschale und Zimt zu einer dicken schaumigen Creme rühren. Mehl darübersieben und gerade so lange unterrühren, bis sich alle Zutaten verbunden haben. Teig in kleinen Häufchen auf das gefettete und bemehlte Backblech setzen und jeweils mit 2 bis 3 Rosinen belegen. Zwischen den Häufchen mindestens 2 cm Abstand lassen, denn der Teig läuft beim Backen auseinander. Bei 180 °C (Gas Stufe 2–3) etwa 15 Minuten hellgelb backen und sofort vom Blech lösen.

Zum Backen der Rosinenblätter wird ein Blech nicht reichen. Achten Sie bitte beim zweiten Blech darauf, daß die Backzeit im bereits heißen Ofen wesentlich kürzer ist, etwa 10 Minuten.

Kletzenbrot

- 300 g gemischtes Trockenobst
- (Pflaumen, Feigen, Äpfel, Birnen, Aprikosen)
- ⅜ Liter Wasser
- 50 g frische Datteln
- 250 g Haselnußkerne
- 150 g Zitronat und Orangeat gemischt
- 50 g Rosinen
- 6 EL Kirschwasser oder Orangensaft
- 1 TL Zimtpulver
- ½ TL Piment
- ½ TL Anissamen
- 100 g Roggenvollkornmehl
- 50 g Weizenvollkornmehl
- 1 Würfel Hefe (42 g)
- 1 TL Zucker
- ⅛ Liter lauwarme Milch
- 30 g Butter
- 1 EL Zitronensaft
- 1 TL Vanillezucker
- 1 Prise Salz
- 25 g abgezogene Mandeln
- Mehl für die Arbeitsfläche
- Fett und Mehl für das Blech

Trockenobst im Wasser über Nacht zugedeckt einweichen. Mit dem Wasser aufkochen und zugedeckt bei schwacher Hitze 20 Minuten kochen lassen. Abgießen, Kochbrühe auffangen. Obst abtropfen lassen und nicht zu fein zerkleinern.

Entsteinte Datteln in Streifen schneiden, Nüsse grob, Zitronat und Orangeat fein hacken. Alles mit dem zerkleinerten Obst, Rosinen, Kirschwasser oder Saft, Zimt, Piment und Anis mischen und zugedeckt ziehen lassen, bis der Teig fertig ist.

Beide Mehlsorten in einer Schüssel mischen, eine Mulde eindrücken. Aus zerbröckelter Hefe, Zucker, 3 Eßlöffel Milch und etwas Mehl einen Vorteig rühren und 15 Minuten gehen lassen.

Restliche Milch, zerlassene Butter, Zitronensaft, Vanillezucker und Salz untermischen. Teig etwa 10 Minuten mit den Knethaken des Handrührgerätes durcharbeiten, bis er Blasen wirft und sich vom Schüsselrand löst. Zugedeckt bei Zimmertemperatur gehen lassen, bis sich das Teigvolumen verdoppelt hat.

Frucht-Nuß-Mischung unterkneten. Teig zu einem länglichen Laib formen und auf ein gefettetes, mit Mehl bestreutes Backblech legen. Weitere 30 Minuten gehen lassen.

Mandeln in das Kletzenbrot drücken, Brot mit der Kochbrühe der Früchte bestreichen. Blech in den kalten Backofen (untere Schiene) schieben. Ofen auf 180 °C (Umluft 160 °C, Gas Stufe 2–3) schalten. Kletzenbrot etwa 1½ Stunden backen und dabei mehrmals mit Kochbrühe bestreichen.

Nach dem Backen sollte das Brot mindestens eine Woche in Alufolie gewickelt ruhen, damit sich Aroma und Geschmack optimal entwickeln können.

Namensgeber für dieses vorweihnachtliche Früchtebrot sind getrocknete Birnen, die „Kletzen“, oder getrocknetes Obst allgemein, die „Hutzeln“. Deshalb heißt das Gebäck in weiten Teilen Süddeutschlands auch Hutzelbrot.

Basler Leckerli

Holsteiner Leckerli

Für die Basler Leckerli (Foto):

- 375 g Honig
- 250 g Zucker
- 12 g Pottasche
- 1 Schnapsglas Kirschwasser
- je 65 g gehacktes Zitronat und Orangeat
- evtl. 2–3 Messerspitzen Ingwerpulver
- 90 g gehackte Mandeln
- etwas Zimt und geriebene Muskatnuß
- ½ TL Nelkenpulver
- 625 g Mehl
- Fett für das Backblech

Honig in einem Topf erhitzen, mit dem Zucker verkochen und die Mischung abkühlen lassen. Pottasche in Kirschwasser auflösen und dazugeben. Zitronat und Orangeat und gegebenenfalls Ingwerpulver, Mandeln, Gewürze und Mehl nach und nach einarbeiten. Den Teig über Nacht kühlgestellt ruhen lassen.

Am nächsten Tag den Teig gut messerrückendick ausrollen, auf einem gefetteten Backblech etwa 20 Minuten bei 200 °C (Gas Stufe 3) backen, etwas abkühlen lassen und beliebig schneiden.

Für die Holsteiner Leckerli:

- 200 g Mehl
- 125 g Butter oder Margarine
- 1 Ei
- 80 g gemahlene Mandeln oder Haselnüsse
- 50 g Zucker
- Fett für das Blech

Für den Belag:

- 60 g Butter
- 100 g Mehl
- 60 g Zucker
- 1 TL Zimt

Aus Mehl, Fett, dem Ei, Mandeln oder Nüssen und Zucker einen Mürbteig herstellen. Eine Rolle formen, dünne Scheiben davon abschneiden und auf ein gefettetes Backblech legen.

Für den Belag die Butter zerlassen. Das Mehl mit Zucker und Zimt vermischen. Die erhitzte Butter unterrühren, mit den Händen Streusel formen und auf den Teigscheiben verteilen. Die Leckerli etwa 20 Minuten bei 180 bis 200 °C (Gas Stufe 3) backen.

Kleines Verwirrspiel mit den ähnlichen Namen: Bei dem Gebäck aus der Schweizer Stadt am Rheinknie handelt es sich um die Abwandlung eines über 600 Jahre alten Rezepts. Ursprünglich nahmen die Lebküchner immer Ingwer, um die feine Ware gut zu würzen. Erst später gingen sie zu den preiswerteren Zutaten Orangeat und Zitronat über.

Die Holsteiner Plätzchen sind aber auch nicht zu verachten: kleine, runde Streuselkuchen, genau richtig zur gemütlichen Tee- oder Kaffeestunde.

FEUER

Glarner Früchtebrot

350 g getrocknete Birnen
150 g getrocknete Zwetschgen ohne Steine
400 g Mehl
1 TL Salz
je 150 ml Milch und Wasser
20 g Hefe
50 g Butter
100 g Sultaninen
1 EL Kirsch- oder Zwetschgenwasser
100 g Walnußkerne
50 g Zucker
1 TL Zimt
je 1 Prise Nelkenpulver und Muskatblüte
1 Eigelb

Birnen und Zwetschgen über Nacht in kaltes Wasser einlegen.

Das Mehl sieben und mit dem Salz mischen. Milch und Wasser verrühren und lauwarm erhitzen, die Hefe darin anrühren. Die Butter zerlassen, die Hefemischung mit der flüssigen Butter in das Mehl rühren. Den Teig gut durcharbeiten, bis er glatt ist, dann mit einem Tuch bedeckt etwa 1 Stunde an einem warmen Ort gehen lassen.

Die Sultaninen in Kirsch- oder Zwetschgenwasser einlegen und beiseite stellen. Die Birnen und Zwetschgen im Einweichwasser 20 Minuten kochen, das Wasser abgießen und die Früchte durch den Fleischwolf drehen. Die Nüsse grob hacken, die gequollenen Sultaninen sowie Zucker und Gewürze unter das Fruchtmus mischen. Mit einem Drittel des Teigs durchkneten und daraus zwei längliche Brote formen. Den restlichen Teig ausrollen, in zwei Rechtecke schneiden und die Früchtebrote darin einrollen. Die Enden übereinanderlegen und gut andrücken. Mit der Teignaht nach unten auf ein großes Blech legen, mit einer Gabel oben mehrfach einstechen. 1 Stunde lang an einem warmen Ort aufgehen lassen. Den Ofen auf 170 °C (Gas Stufe 2) vorheizen. Dann das Früchtebrot mit verquirltem Eigelb bestreichen und im vorgeheizten Ofen etwa 1 Stunde backen.

Sankt Nikolaus am 6. Dezember, in der Schweiz *Samichlaus* genannt, ist ein erster Höhepunkt der weihnachtlichen Vorfreude. Zu diesem Anlaß werden allerorts noch Früchtebrote und Lebkuchen gebacken.

Königsberger Marzipan
Lübecker Marzipan

Für das Königsberger Marzipan (Foto):

- 500 g süße Mandeln
- einige wenige bittere Mandeln oder
- 2–3 Tropfen Bittermandel-Backöl
- 350 g Puderzucker
- 2–3 EL Rosenwasser
- 2–3 Eiweiß

Die Mandeln mit kochendem Wasser übergießen, kurz stehen lassen, dann die Schalen abziehen und Mandeln trocknen lassen. Mandeln fein mahlen. Puderzucker und die beiden Sorten gemahlene Mandeln oder Backöl und Mandeln mischen, nach und nach das Rosenwasser hinzufügen und alles zu einem festen Teig verkneten. 12 bis 24 Stunden an einem kühlen Ort ruhen lassen.

Die Teigmasse etwa ½ cm dick ausrollen. Mit Ausstechern oder Modeln kleine Formen ausstechen. Auf die Ränder kleine Marzipanröllchen legen und mit einem Messer Muster in die Oberfläche einritzen. Im Backofen bei reichlich Oberhitze (160–180 °C, Gas Stufe 2) backen, bis das Marzipan etwas gebräunt ist. Aus dem Ofen nehmen und mit dem Eiweiß bestreichen.

Für das Lübecker Marzipan:

- 250 g geschälte süße Mandeln
- 20–25 g geschälte bittere Mandeln oder
- 3 Tropfen Bittermandel-Backöl
- 250 g Puderzucker
- 3 EL Rosenwasser

Die Mandeln zweimal durch die Mandelmühle drehen oder im Mörser so fein wie möglich zerreiben – oder, um Zeit zu sparen, bereits fertig geriebene Mandeln und Backöl verwenden. Die Mandeln nun gut mit Zucker und Rosenwasser auf einem Backbrett verkneten, bis eine glatte Masse entsteht. Auf Puderzucker ausgerollt, können jetzt beliebige Formen ausgestochen werden, die man im Backofen 10 bis 15 Minuten bei 120 bis 140 °C (Gas Stufe 1–2) und offener Tür oder an der Luft trocknen läßt. Glasuren mit Puderzucker oder Verzierungen anzubringen, bleibt dann Ihrer Phantasie überlassen.

Marzipan, die köstliche Leckerei aus dem Orient, war früher eine teure und seltene Spezialität. Heute kann man sich den weihnachtlichen Gabenteller ohne Marzipan gar nicht mehr vorstellen. Die berühmtesten Marzipansorten wurden in zwei Ostseestädten hergestellt, in Lübeck seit dem frühen 15. Jahrhundert und in Königsberg. Und jede hütete eifersüchtig ihr besonderes Geheimnis, was Mischung und auch Fabrikation anbelangte. Während das Lübecker Marzipan weich und weiß bleibt, muß das Königsberger gelbbräunlich werden.

Brottorte

½ Vanillestange
1 Liter Milch
250 g altbackenes Brot
100 g Amaretti
3 Eier
1 Prise Salz
180 g Zucker
1 TL abgeriebene unbehandelte Zitronenschale
je 50 g feingehacktes Orangeat und Zitronat
50 g gewaschene Sultaninen
100 g geschälte und geriebene Mandeln
1 Prise Muskatnuß
1 TL Zimt
80 geriebene dunkle Schokolade
Butter für die Backform
3 EL Paniermehl
50 g Pinienkerne

Die aufgeschnittene Vanillestange in Milch aufkochen und über das Brot gießen. Zugedeckt 3 bis 4 Stunden stehen lassen.
Die Amaretti zerkleinern, unter die Brotmasse heben und einige Minuten aufweichen lassen, anschließend die Masse durch ein Sieb streichen.
Eier, Salz und Zucker zu einer homogenen Masse aufschlagen und alle Zutaten – außer Paniermehl und Pinienkernen – beigeben. Brotmasse und Creme zusammen zu einem Teig verarbeiten.
Eine Kuchenform von 26 cm Durchmesser ausbuttern und den Boden mit Paniermehl bestreuen. Die Teigmasse einfüllen und die Pinienkerne darüberstreuen. Bei 180 °C (Gas Stufe 2–3) etwa 1½ Stunden backen.

Dieser herzhafte Kuchen ist sehr feucht und kann gut einige Tage aufbewahrt werden, ohne daß er austrocknet.

Einer der typischsten Tessiner Kuchen ist *Torta di pane*. Früher als Kuchen der Armen aus Brotresten, Weinbeeren und Gewürzen zubereitet, gehört er heute zu jedem festlichen Essen. Jede Tessiner Hausfrau hat ihr eigenes, wie ein Geheimnis gehütetes Rezept.

Krippenszenen sind zu Weihnachten besonders in Italien, aber auch im angrenzenden Tessin und in Österreich sehr beliebt.

Pfeffernüsse

Nürnberger Lebkuchen

Für die Pfeffernüsse (Foto):

500 g Mehl
2 TL Backpulver
2 Eier
300 g Zucker
6 EL Milch
je 1 Messerspitze Ingwer, Nelken, Muskat, weißer Pfeffer
1 TL Zimt
abgeriebene Schale von je ½ unbehandelten Zitrone und Orange
75 g gehacktes Zitronat
50 g geriebene Mandeln
Fett für das Backblech
200 g Puderzucker

Mehl und Backpulver vermischen. Die Eier mit dem Zucker schaumig schlagen, nach und nach das Mehl und die Milch hinzugeben, dann erst die Gewürze sowie die Zitronen- und Orangenschale einarbeiten. Zum Schluß das Zitronat und die Mandeln in den Teig kneten. Den Teig 1 Stunde ruhen lassen.

Danach etwa 1 cm dick ausrollen und in kleine Scheiben von etwa 3 cm Durchmesser ausstechen. Am besten über Nacht trocknen lassen und anschließend bei 200 °C (Gas Stufe 3) etwa 10 bis 15 Minuten auf einem gut gefetteten Blech backen. Nach dem Erkalten den Puderzucker mit 2 bis 3 Eßlöffel heißem Wasser dickflüssig rühren und die Pfeffernüsse damit bestreichen.

Pfeffernüsse werden nach dem Backen steinhart und sollten etwa 14 Tage in einer verschlossenen Blechdose aufbewahrt werden. Dann sind sie weich genug und schmecken.

Für die Lebkuchen:

150 g Honig
je 50 g Butter und Zucker
2 EL Wasser, 1 Eigelb
abgeriebene Schale von ½ unbehandelten Zitrone
1 EL Kakao
1 TL Zimt
je 1 Messerspitze Nelkenpulver und Kardamom
250 g Mehl, ½ Päckchen Backpulver
je 50 g Zitronat und Korinthen
150 g gemahlene Mandeln oder Haselnüsse
Mehl zum Ausrollen, Fett für das Blech
nach Belieben: 125 g Puderzucker, 1 Eiweiß

Honig, Butter, Zucker und Wasser bei kleiner bis mittlerer Hitze in einem Topf langsam zerlassen, dann in eine Schüssel geben und erkalten lassen. Solange das Gemisch noch lauwarm ist, Eigelb, Zitronenschale, Kakao, Gewürze und zwei Drittel des mit Backpulver vermischten Mehls hinzufügen. Das Zitronat in kleine Würfel schneiden, die Korinthen hacken. Die Mandeln oder Haselnüsse, Zitronat, Korinthen und das restliche Mehl einrühren.

Auf einem bemehlten Brett oder Blech einen glatten Teig kneten, etwa fingerdick ausrollen und zu runden bis eckigen Formen ausstechen. Den Ofen auf 180 °C (Gas Stufe 2–3) vorheizen, ein Backblech gut fetten und die Lebkuchen im Ofen etwa 20 Minuten backen. Wer mag, siebt zum Schluß den Puderzucker, verrührt ihn mit dem Eiweiß und einigen Tropfen Wasser und bestreicht die Lebkuchen damit dünn.

Dresdner Weihnachtsstollen

Zutaten für 4–6 Stollen:

- 1,5 kg Sultaninen
- 250 g Korinthen
- ¼ Liter Rum
- 2,5 kg Mehl
- ¾ Liter Milch
- 275 g Hefe
- 500 g Zucker
- 4 Päckchen Vanillezucker
- 1 EL abgeriebene unbehandelte Zitronenschale
- 35 g Salz
- 1,2 kg Butterschmalz
- 150 g Zitronat
- 10 bittere Mandeln
- 300 g süße Mandeln
- Butter und Mehl für das Kuchenblech

Für die Glasur:

- 250 g Butter
- 80 g Zucker
- 250 g Puderzucker

Bereits einen Tag vor dem Backen die vorbereiteten Sultaninen und Korinthen mit Rum beträufeln und zudecken. Die übrigen Zutaten in einen warmen Raum bringen.
Am Backtag das Mehl in eine Schüssel sieben, in die Mitte eine Vertiefung drücken. Die mit etwas handwarmer Milch verrührte Hefe hineingießen. Mit etwas Mehl einen Vorteig bereiten. Ein Tuch darüber decken und so 2 Stunden an einem warmen Ort gehen lassen.
Zucker, Vanillezucker, Zitronenschale, Salz, grob zerkleinertes Butterschmalz, in kleine Würfel geschnittenes Zitronat, abgezogene, gehackte Mandeln und restliche Milch zugeben. Alles verarbeiten, eingeweichte Sultaninen und Korinthen zufügen. Gut durchkneten und 3 bis 4 Stunden mit einem Tuch bedeckt an einem warmen, aber nicht heißen Ort gehen lassen. Dann den Teig durchkneten und in 1 oder 1,5 kg schwere Stücke aufteilen. Die Teigstücke länglich oval formen, längs etwas einkerben und auf ein gebuttertes, leicht bemehltes Blech legen. Nochmals 30 Minuten gehen lassen.
In den Backofen geben und bei 180 °C (Gas Stufe 2–3) gut 1 Stunde backen. Den Stollen etwas abkühlen lassen, mit zerlassener Butter bestreichen, Zucker daraufstreuen und mit Puderzucker besieben. Nochmals Butter daraufgeben und wieder Puderzucker.
Auf die erste Kostprobe sollte man mindestens eine Woche warten. Stollen können – gut verschlossen – bis weit in den Frühling aufbewahrt werden. In Sachsen war es üblich, daß man den letzten Stollen am Ostersonntag anschnitt. (Uns schmeckt er allerdings so gut, daß er „nur" bis in den Januar hinein reicht.)

Die ersten Stollen soll es bereits im 14. Jahrhundert gegeben haben, aber die Zutaten waren bescheiden. Anklänge an jene Zeiten finden sich noch heute in der Thüringer Version des Stollens, den „Schittchen". Sie sind vom Teig her ähnlich, enthalten aber weniger Rosinen und kein Zitronat.
Anderswo wurde aus einem anfänglichen Weißbrot allmählich – immer gehaltvoller – der Stollen. Der „Dresdner" hat allen den Rang abgelaufen und wurde zur bekanntesten kulinarischen Spezialität Sachsens.

Pflaumentäschchen

300 g tiefgefrorener Blätterteig (5 Platten)
100 g Backpflaumen ohne Steine
25 g Orangeat
4 EL Traubenschnaps (Trester)
1 Ei
100 g geriebene Mandeln
Mehl für die Arbeitsfläche
etwas Puderzucker zum Bestreuen

Den Blätterteig auftauen lassen. Die Backpflaumen und das Orangeat würfeln, mit dem Traubenschnaps mischen und 30 Minuten quellen lassen.

Die Blätterteigscheiben halbieren und auf einer bemehlten Arbeitsfläche 10 Quadrate von 7x7 cm ausrollen. Zwei der Quadrate in jeweils 4 kleine Quadrate schneiden.

Das Ei trennen, das Eiweiß mit den Mandeln, den Pflaumen und der Quellflüssigkeit im Mixer fein pürieren. Das Püree auf den größeren Teigquadraten verteilen, die Ecken über die Füllung legen. Den Backofen auf 200 °C (Gas Stufe 3) vorheizen. Das Eigelb mit 1 Teelöffel Wasser verquirlen und die Oberflächen der Täschchen damit bestreichen. Die kleinen Quadrate jeweils in die Mitte legen und ebenfalls mit Eigelb bestreichen.

Die Täschchen auf das kalt abgespülte Backblech legen und im vorgeheizten Ofen in etwa 20 Minuten goldgelb backen, danach mit Puderzucker bestreuen.

Für die Pflaumentäschen werden getrocknete Pflaumen verwendet, die man in Franken wie in Schwaben auch „Hutzeln" nennt. Heute gibt es moderne Dörrgeräte, doch früher war es noch mühselig, Pflaumen richtig zu trocknen. Dazu wurden die Früchte entkernt, ohne sie aufzuschneiden, der Kern wurde herausgedrückt. Danach wurden die Pflaumen auf Baumwollschnüre aufgefädelt und an einem kühlen, trockenen Ort, meist auf dem Dachboden, aufgehängt.

Hutzelmännle (im Bild unten), die zur Weihnachtszeit auf keinem fränkischen Christkindlmarkt fehlen, zeugen von der Beliebtheit des getrockneten Obstes.

Feiner
Fränkischer

Orangenkuchen

4 Eier
2 Tassen Zucker
1½ Tassen Mais- oder Sonnenblumenöl
1 Tasse Orangensaft
1 gestrichener TL Zimt
4 Tassen Mehl
1 Päckchen Backpulver
Öl und Mehl für die Backform
Orangenmarmelade zum Füllen
Puderzucker zum Bestreuen

Die Eier trennen und das Eigelb mit dem Zucker glattrühren. Nach und nach das geschmacksneutrale Öl zugießen und so lange rühren, bis die Masse steif ist. Orangensaft, Zimt, Mehl und Backpulver dazugeben und gut verrühren. Zum Schluß das Eiweiß steif schlagen und unterheben. Teig in die geölte und bemehlte Springform gießen und im Backofen bei 180 °C (Gas Stufe 2–3) ungefähr 50 Minuten backen. Kuchen auf ein Gitter stürzen und erkalten lassen. Quer durchschneiden und mit Orangenmarmelade füllen. Auf den Kuchen ein rundes Papier-Spitzendeckchen legen (oder selbst einen Scherenschnitt herstellen). Puderzucker über Kuchen und Deckchen sieben, Deckchen vorsichtig abnehmen. Auf dem Kuchen bleibt nun ein schönes Muster zurück.

In den Tälern von Sóller im Nordwesten von Mallorca tragen die Orangenbäume gewöhnlich von Dezember bis Januar Früchte. Ihr Ruhm drang schon Ende des 19. Jahrhunderts bis nach Frankreich, Belgien und England. Daß auch die Mallorquiner selbst ihre Erzeugnisse zu schätzen wissen, beweist eine ganze Reihe von Orangenrezepten, aus denen dieser einfach herzustellende, äußerst schmackhafte „Tassenkuchen“, in der Landessprache *Coca amb taronges*, herausragt.

Datteln mit Marzipan gefüllt

30 frische Datteln	
100 g Marzipanrohmasse	
30 g Puderzucker	
20 g gehackte Walnüsse	
2 cl Grand Marnier	
100 g Bitterschokolade	
30 g weiche Butter	

Die Datteln einritzen und den Kern entfernen. Die Marzipanrohmasse mit Puderzucker, Nüssen und Likör verkneten. In jede Dattel etwas von der Masse einfüllen. Die Schokolade reiben und mit der Butter im Wasserbad erhitzen. Die Datteln zur Hälfte mit der Schokolade überziehen und trocknen lassen.

Bereits in der Bibel preist Mose die Früchte der Dattelpalme, die zu den ältesten Kulturpflanzen zählt. Datteln waren über Jahrtausende hinweg die wichtigste Nahrungsgrundlage der Wüstenbewohner. Die Vorliebe der orientalischen Küche für Datteln konnten manche Mitteleuropäer aber nur schwer verstehen. Kein Wunder, denn bis vor kurzem kannten wir auch nur die getrockneten Datteln. Frische Datteln gibt es erst seit einigen Jahren auf unserem Markt, und sie schmecken weniger süß als die getrockneten.
In den Hauptanbaugebieten, also im Vorderen Orient und in Nordafrika, sind Rezepte besonders beliebt, in denen Datteln mit Nüssen oder Marzipan kombiniert werden: eine köstliche und sehr gehaltvolle Knabberei!

Der Fotograf hat uns nicht verraten, wo er diese ungewöhnliche Weihnachtsstimmung einfing. Aber entspricht die Szenerie nicht dem heimlichen Traum vieler frierender Mittel- und Nordeuropäer?

Miladies

Fruchtplätzchen

Für etwa 40 Miladies (oben):

- 600 g Vollmilchkuvertüre
- 150 ml süße Sahne
- 150 g Honig
- 60 g Butter
- 50 g Nußnougatmasse
- 50 g Nußpaste (Nußnougatcreme oder Haselnußpaste)

Die Hälfte der Kuvertüre in Stücke brechen und mit Sahne und Honig unter ständigem Rühren aufkochen. Abkühlen lassen. Die Butter mit dem Nougat und der Nußpaste schaumig rühren, die Kuvertüre-Sahne dazugeben und die Masse mit dem Rührgerät aufschlagen. In einen Spritzbeutel füllen, kleine Halbkugeln von etwa 2 cm Durchmesser auf Backtrennpapier aufspritzen und trocknen lassen.
Die restliche Kuvertüre im Wasserbad schmelzen. Zwei Halbkugeln zu Kugeln zusammensetzen, auf eine Pralinengabel spießen und in die Kuvertüre tauchen. Auf einem Kuchengitter fest werden lassen. Nach Belieben mit Kuvertüre aus dem Spritzbeutel verzieren.

Für etwa 20 Fruchtplätzchen (unten):

- 100 g getrocknete Aprikosen
- 100 g getrocknete Pflaumen
- 150 g getrocknete Bananen
- 50 g Sultaninen
- 3 EL Honig
- 100 g Aprikosenkonfitüre
- 20 kleine, runde Kekse
- 40 g Kakaopulver
- 1 EL Puderzucker

Früchte mit Honig in den Mixer geben und zu einer Paste verarbeiten. Die Aprikosenkonfitüre erhitzen und die Kekse damit bestreichen. Mit einem Löffel Portionen von der Fruchtmasse abstechen und zu Kugeln formen. Die Fruchtkugeln in Kakao wälzen und auf die Kekse setzen. Den restlichen Kakao mit dem Puderzucker vermischen und die Plätzchen damit bestreuen.

Plum-Cake

- 250 g Butter
- 250 g Zucker
- je 1 Messerspitze Zimt und Muskatnuß
- abgeriebene Schale von ½ unbehandelten Zitrone
- 6–8 Eier
- 4 EL Rum
- 250 g Mehl
- 100 g Speisestärke
- 2 gestrichene TL Backpulver
- je 125 g Rosinen, Korinthen und Sultaninen
- je 50 g Orangeat, Zitronat und kandierte Kirschen
- 50 g geschälte und geriebene Mandeln
- 150 g Puderzucker

Die Butter weich rühren. Nach und nach Zucker, Gewürze, Eier und Rum dazugeben. Mehl mit Speisestärke und Backpulver mischen und sorgfältig darunterziehen. Den Teig rühren, bis er schwer reißend vom Löffel fällt. Zuletzt die Rosinen, Korinthen und Sultaninen sowie das kleingeschnittene Orangeat, Zitronat, die kandierten Kirschen und die geriebenen Mandeln beigeben. Den Teig in eine mit Pergamentpapier ganz ausgelegte längliche oder runde Kuchenform füllen und rund 75 Minuten bei 175 bis 195 °C (Gas Stufe 2–3) backen.
10 Minuten abkühlen lassen, aus der Form nehmen und mit Puderzucker besieben.

Eigentlich ist der Plumpudding oder Christmas Pudding originaler Bestandteil und Höhepunkt eines englischen Weihnachtsessens. Doch statt dieser aufwendig zu bereitenden „Kalorienbombe“ haben wir eine leichtere Kuchenversion gewählt, die ganz vorzüglich schmeckt. Und damit es ähnlich feierlich zugeht: Übergießen mit heißem Rum und anzünden kann man den Plum-Cake ebenso wie seinen üppigeren Vettern. So wird er dann von bläulichen Flammen umgeben serviert.

Eiserkuchen

- ⅛ Liter Wasser
- 125 g Zucker
- 25 g Schweineschmalz
- 125 g Mehl
- ½ gestrichener TL Zimt
- 2 Eier
- Fett für das Eisen
- nach Belieben Kuvertüre als Verzierung
- Schlagsahne oder leichte Creme als Füllung

Wasser mit Zucker und Schmalz aufkochen und erkalten lassen. Mehl mit Zimt mischen, löffelweise mit dem Schneebesen in das kalte Zuckerwasser rühren, die Eier dazugeben und alles zu einem glatten Teig verarbeiten. Teig in kleinen Portionen in ein gefettetes Eiserkucheneisen oder Waffeleisen geben und goldbraun backen. Blättchen noch heiß aus dem Eisen nehmen und sofort zu einer Tüte oder Rolle drehen.

Zur Verzierung können Sie die beiden Enden der Eiserkuchen in flüssige Kuvertüre tauchen. Als Füllung eignet sich Schlagsahne, gar nicht oder wenig gesüßt. Sie können auch eine leichte Creme, beispielsweise mit Schlagsahne vermischten Vanillepudding, verwenden.

Eiserkuchen waren früher unter der Bezeichnung „Niejöhrkes“ das traditionelle Neujahrsgebäck in Westfalen. Man bot es den Nachbarn an, die zum Glückwünschen erschienen, schenkte es aber auch dem Gesinde und den Kindern. Dieser Brauch geht auf das 16. Jahrhundert zurück. Damals entstand das Januarbild der Domuhr zu Münster mit der um den Kamin versammelten Familie, die mit der Zeremonie des Eiserkuchenbackens beschäftigt ist.

Das Eiserkucheneisen bediente in der Regel der Vater. Es bestand ursprünglich aus zwei zangenartig zusammengeklappten Eisenplatten mit wabenförmigen Vertiefungen und langen Griffen. Im 19. Jahrhundert kamen dann Wendeeisen auf, die mit ihrem Gestell über das Feuerloch der Herdplatte gestellt werden konnten.

„Glückselsk Niejoahr, sün de Kauken all gar“, lautete jedenfalls die nachbarliche Gratulation. Im gleichen Atemzug hieß es: „'n Schluck doarbi is gaut för mi.“ Zum Eiserkuchen gab es also noch ein herzhaftes Getränk. Und niemand kam auf den Gedanken, sich an den nach Zimt schmeckenden „Röllekes“ satt zu essen – sie waren „jo men blous Wind för de Oamdühr (Ofentür)“.

Knusperhaus

Für den Teig:
625 g Mehl
500 g Honig
100 g gemahlene Mandeln
Lebkuchengewürz
etwas Pottasche
Fett für das Backblech
Für den Guß:
500 g Puderzucker
1 Eiweiß
1 TL Zitronensaft
Zum Verzieren:
kandierte Früchte
Schokoringe
Gummibärchen
saure Drops
kleine Lebkuchen

Das Mehl mit Honig, Mandeln und den Gewürzen zu einem geschmeidigen Teig kneten.
Ein Backblech fetten und den Teig etwa ½ cm dick rechteckig ausrollen.
Aus einem Pappkarton Schablonen schneiden, die auf den Teig gelegt werden. Mit ihrer Hilfe kann man die Giebelwände, die Seitenwände und das Dach aus dem Teig schneiden. Die einzelnen Teile auf das Backblech legen und bei 200 °C (Gas Stufe 3) etwa 15 bis 20 Minuten hellbraun backen.
Den Puderzucker mit Eiweiß und Zitronensaft zu einem dicken Zuckersirup verrühren und in einen Spritzbeutel mit einer dünnen Tülle füllen. Die Teile an den Rändern mit dem Zucker einspritzen und aneinanderkleben, so daß ein Haus entsteht. Die Süßigkeiten mit jeweils etwas Zuckermasse an die Wände und das Dach kleben. Hier kann man sich von der Phantasie leiten lassen, es muß nur schön bunt aussehen. Nach einer Trocknungszeit von 2 Stunden wird mit etwas Puderzucker alles überstäubt.

Welches Kind hat nicht schon einmal davon geträumt, ein Haus ganz aus Süßigkeiten zu haben, das man langsam aufessen kann? Diese Wunschgedanken haben die Bäcker und Konditoren längst erkannt und bieten vorgefertigte Lebkuchenhäuschen an. Wer aber ein wenig Mühe nicht scheut, der baut sich sein Knusperhaus selbst. Es ist gar nicht so schwer.

Weiße Kartoffelsuppe mit Kartoffelhörnchen

Für die Kartoffelhörnchen:

- 250 g Kartoffeln
- 250 g Mehl
- 10 g Backpulver
- 80 g Zucker
- 50 g Butter
- 1 Prise Salz
- Zwetschgenmus zum Füllen
- 1 Ei

Die Kartoffeln in der Schale kochen, schälen und fein reiben, am besten auf einer Gemüsereibe. Das Mehl mit dem Backpulver gut mischen. Mehl, Kartoffeln, Zucker, Butter und Salz zu einem Teig verarbeiten. Diesen Teig in 3 Teile teilen. Jedes Teil zu einer runden Platte von etwa 25 cm Durchmesser ausrollen und jedes Teigstück diagonal über Kreuz mit einem Messer in 4 Teile schneiden. Auf jedes dieser geschnittenen Stücke 1 Teelöffel Zwetschgenmus geben und von der Längsseite beginnend zu einem Hörnchen aufrollen. Den Backofen auf 180 °C (Gas Stufe 2–3) vorheizen. Die Hörnchen auf ein Backblech setzen, mit dem verquirlten Ei bestreichen und etwa 20 Minuten im vorgeheizten Ofen backen. Diese Hörnchen ißt man zur weißen Kartoffelsuppe.

Für die Kartoffelsuppe:

- 50 g Bauchspeck
- 1 Zwiebel
- 1 kleine Stange Lauch (Porree)
- 400 g Kartoffeln
- 30 g Butterschmalz
- ¾ Liter Milch
- Salz
- geriebene Muskatnuß
- schwarzer Pfeffer
- 30 g Butter
- etwas feingeschnittener Schnittlauch

Den Bauchspeck in Würfel schneiden. Die Zwiebel schälen und fein schneiden, den Lauch putzen, waschen und in Streifen schneiden. Die Kartoffeln schälen und würfeln. Das Butterschmalz in einem breiten Topf erhitzen und den Bauchspeck darin anrösten. Zwiebeln, Lauch und Kartoffeln dazugeben und durch eifriges Rühren mit anschwitzen. Dann mit Milch auffüllen und die Suppe so lange kochen lassen, bis die Kartoffeln gar sind, das dauert etwa 15 Minuten. Die Suppe mit dem Schneidstab fein pürieren, mit Salz, Muskat und schwarzem Pfeffer würzen. Die Butter in einer Pfanne leicht braun werden lassen, über die Suppe gießen und den Schnittlauch darüberstreuen.

Die weiße Odenwälder Kartoffelsuppe ist eine raffinierte Variante des allseits beliebten Magenwärmers. Wenn sie zusammen mit den Kartoffelhörnchen serviert wird, stellt sie ein komplettes, sättigendes Mahl dar.

Waldorfsalat

200 g rote Äpfel
1 EL Zitronensaft
150 g Sellerie
4 EL Mayonnaise
grüne Salatblätter
150 g grobgehackte Walnüsse

Die gewaschenen, ungeschälten Äpfel entkernen, in kleine Würfel schneiden und sofort mit Zitronensaft beträufeln. Geputzten Sellerie in ähnlich große Würfel oder feine Streifen schneiden, mit den Apfelwürfeln gut mischen und die Mayonnaise vorsichtig darunterziehen. Vier schöne Glasteller mit frischen grünen Salatblättern auslegen und den Waldorfsalat darüber verteilen. Erst knapp vor dem Servieren die Walnüsse darüberstreuen.
Neuere Rezepte verwenden auch einige Eßlöffel Sahne, die geschlagen und untergehoben wird. Doch die Verwendung von Sahne entspricht nicht dem Originalrezept.

Der weltberühmte Waldorfsalat wurde im legendären New Yorker Hotel Waldorf-Astoria kreiert und stand in der Eröffnungsnacht des neuen Hauses am 1. Oktober 1931 erstmals auf der Dinnerkarte. Sein Erfinder war Oskar Tschirsky, der als Maître d'Oscar of the Waldorf viel Küchenruhm erntete. Der Salat war als leichtes Vorgericht für ein Dinner mit vielen Gängen gedacht, das Mrs. William K. Vanderbilt als Benefizveranstaltung für ein Kinderheim gab. Unser Vorschlag ist das Originalrezept.

ORK
MAY 18,1986

Sellerie-Feldsalat

Roter Salat

Für den Sellerie-Feldsalat (Foto):

- 200 g Feldsalat
- ½ Sellerieknolle
- 1 mittelgroßer Apfel
- Saft von 1 Zitrone
- 1 TL Kräutersalz
- 2 TL Zucker
- etwas Pfeffer
- 1 EL Senf
- 3 EL Weinessig
- ⅛ Liter Wasser
- 1 kleine Zwiebel

Den Feldsalat putzen, gründlich waschen und abtropfen lassen. Den Sellerie und den Apfel schälen, auf der Rohkostreibe fein reiben und sofort mit Zitronensaft übergießen, damit sie nicht braun werden.
Aus Kräutersalz, Zucker, Pfeffer, Senf, Essig, Wasser und der geschälten, kleingeschnittenen Zwiebel eine pikante Marinade herstellen. Zuerst das Sellerie-Apfel-Gemisch in die Marinade geben, dann den Feldsalat dazu, alles vorsichtig mischen und servieren.

Der Salat mit den vielen Namen – Schafmäuli, Ackersalat, Rapunzel oder Feldsalat – ist heute überall zu kaufen. Früher war das anders, da hat man zu Winterbeginn am Feldrand die begehrten Pflänzchen gestochen, bis die Finger kalt und klamm waren. Auf dem Feld steht er nicht in Reih' und Glied. Oft mußte man richtig suchen, bis man wieder eine kleine Staude fand – aber dann folgte bald ein redlich verdienter Genuß.

Für den Roten Salat:

- 1 Zwiebel
- 50 g Walnüsse
- 500 g rote Bete
- 1 säuerlicher Apfel
- 200 g Joghurt
- 1 EL mittelscharfer Senf
- 1 EL Meerrettich
- 2 EL Essig
- 1 EL Honig
- Salz, Pfeffer
- ½ TL gemahlener Kümmel
- 1 Prise Cayennepfeffer
- 1 Bund Schnittlauch

Die Zwiebel schälen und wie die Walnüsse fein hacken. Die roten Beten schälen und fein raspeln. Den Apfel schälen, entkernen und ebenfalls fein raspeln. Die roten Beten und den Apfel mit den Walnüssen und der Zwiebel in einer Schüssel vermischen. Joghurt mit Senf, Meerrettich, Essig und Honig verrühren, mit Salz, Pfeffer, Kümmel und Cayennepfeffer (vorsichtig) abschmecken. Marinade über den Rohkostsalat geben und im Kühlschrank mindestens 30 Minuten ziehen lassen. Nochmals abschmecken und mit Schnittlauchröllchen bestreuen.

Jägerpastete

Für den Teig:
250 g Mehl
2 Eier
125 g Schweineschmalz
Salz
5 EL Wasser

Für die Füllung:
500 g Rehfleisch (Keule)
300 g Kalbfleisch
200 g Schweinefleisch
250 g fetter frischer Speck
200 g Hühnerleber
40 g Butter
Salz, schwarzer Pfeffer
1 EL Madeira
2 EL Pastetengewürz
½ TL abgeriebene unbehandelte Orangenschale
1 TL Edelsüßpaprika
1 TL zerriebener Thymian
2 Eier
etwas Butter für die Form
250 g frischer Speck in Scheiben
1 Eigelb

Teigzutaten zu einem glatten Pastetenteig verkneten, zu einem Ballen formen und 1 Stunde kühl ruhen lassen.

Reh-, Kalb-, Schweinefleisch und Speck grob schneiden, zweimal durch den Fleischwolf drehen. Hühnerlebern waschen, von den Häuten befreien, in Scheiben schneiden und in heißer Butter anbraten, salzen und pfeffern, mit Madeira beträufeln und zum Abkühlen wegstellen. Fleischteig mit Salz, Pfeffer, Pastetengewürz, Orangenschale, Paprika und Thymian würzen und die Eier einarbeiten, kräftig durchkneten und den Leberbratfond hineinmischen. Pastetenteig ausrollen, mit zwei Dritteln davon eine gebutterte Pastetenform auslegen, mit Speckscheiben auskleiden. Die Hälfte der Füllung hineingeben, die Hühnerlebern darauf verteilen und mit dem restlichen Fleischteig auffüllen. Den Teig glattstreichen und mit Speckscheiben zudecken. Den restlichen Teig zu einem Deckel schneiden und auflegen, Teigränder dabei mit verquirltem Eigelb bestreichen. Zwei Luftlöcher in den Deckel schneiden. Die Pastete 1½ bis 2 Stunden bei 180 bis 200 °C (Gas Stufe 3) backen, heiß oder kalt servieren.

Pasteten kennt man seit etwa 1000 Jahren. Mit der Einfuhr exotischer Gewürze in der Renaissance gerieten sie immer aufwendiger. So verwundert es nicht, daß sie im 15. Jahrhundert geradezu als Reifezeugnis für die Küche des Adels und der Geistlichkeit galten. Doch auch danach wurden sie noch verfeinert. Unser Rezept hier stammt aus einem Adelshaus der Jahrhundertwende.

Lachsscheiben Alaska

80 g Butter
4 Lachskoteletts
Salz
weißer Pfeffer
⅛ Liter Weißwein
1 EL feingehackte Petersilie
1 TL Basilikum
1 TL Estragon

Die Butter schmelzen, aber nicht bräunen. Jede Lachsscheibe auf ein ausreichend großes Stück Alufolie legen, salzen, pfeffern, mit der flüssigen Butter bestreichen, mit Weißwein beträufeln, die Gewürze darüber verteilen und die Folie gut schließen. Die Lachspäckchen im Backofen bei 220 °C (Gas Stufe 3–4) in 25 bis 30 Minuten backen.

Vor dem Servieren mit etwas brauner Butter übergießen. Als Beilage passen gut Petersilienkartoffeln.

Seit undenklichen Zeiten standen die Lachse auf der Speisekarte der Bären. Jahrtausende hindurch fischte Meister Petz allein und ungestört am Fraser River in British Columbia, dem größten aller kanadischen Lachsflüsse. Erst vor rund 160 Jahren drang Simon Fraser in die unwegsamen Schluchten des Flusses vor. Seit dieser Zeit ist es um die Ruhe der Bären – und die der Lachse – geschehen. Bis zu fünf Millionen der begehrten Fische schwimmen in guten Jahren den Fluß hinauf – und viele zum letzten Mal.

Karpfen in polnischer Sauce

1 Karpfen (von etwa 2 kg)	
2 Zwiebeln	
2 Möhren	
2 EL Butter	
1 EL Mehl	
1 Liter dunkles Bier	
1 Lorbeerblatt	
2 Nelken	
Pfeffer, Salz	
Saft von ½ Zitrone	
100 g geriebene Lebkuchen	
2 TL Zucker	
1 EL Rosinen	
1 EL Mandelstifte	

Karpfen schuppen, waschen und in dicke Scheiben schneiden. Zwiebeln schälen und würfeln, Möhren putzen und in dünne Scheiben schneiden. Beides in 1 Eßlöffel Butter 10 Minuten andünsten und dabei ab und zu umrühren, dann beiseite stellen.

Restliche Butter im Topf zerlassen, das Mehl darüberstreuen und rühren, bis es braun wird. Mit dem Bier ablöschen, Zwiebeln und Möhren zugeben, mit Lorbeerblatt, Nelken, Pfeffer, Salz und Zitronensaft würzen. Bei mittlerer Hitze 30 bis 40 Minuten zugedeckt köcheln lassen.

Die Sauce durch ein Haarsieb in eine große, flache Pfanne passieren. Lebkuchen, Zucker, Rosinen und Mandelstifte zugeben, aufkochen lassen und nochmals abschmecken. Die Karpfenscheiben nebeneinander in die Pfanne legen. Sie sollten von der Sauce nahezu bedeckt sein. Eventuell mit etwas dunklem Bier auffüllen. Bei kleiner Hitze 20 bis 25 Minuten ziehen lassen.

Der Fisch schmeckt mit Salzkartoffeln und Endiviensalat am besten, und natürlich „schwimmt" er in dunklem Bier ganz ausgezeichnet.

Wie in vielen anderen Ländern, so ist auch in Polen Karpfen ein traditionelles Essen an Heiligabend. Eine Schuppe seiner Haut im Geldbeutel soll Glück und Geld garantieren.

Anders als die räumlichen Szenen aus Italien oder Österreich stellt diese Weihnachtskrippe aus Polen beinahe alles in der Fläche dar.

Schweinebraten, Rotkraut und Kastanien

Für den Schweinebraten:
- 1 kg Schweinebraten (Hals, Schlegel oder Bug)
- 1 EL Salz, Pfeffer
- 50 g Butterschmalz
- 1 Zwiebel
- 2 Nelken, 1 Lorbeerblatt
- 1 Möhre
- 1 Stück Brotrinde
- ¼ Liter Fleischbrühe
- 1 TL Stärkemehl

Für das Rotkraut:
- Schweineschmalz zum Anbraten
- 1 große Zwiebel
- 100 g geräucherter Speck
- 1 mittelgroßer Kopf Rotkraut
- 1 Flasche trockener Rotwein
- 2 saure Äpfel
- Zimt, Nelken, Muskatblüte, Anis
- 1–2 EL Johannisbeergelee
- Zucker, Salz, Rotweinessig

Für die Kastanien:
- 500 g frische Eßkastanien
- (verwendet man getrocknete, etwa 300–350 g)
- 50 g Butterschmalz
- 2 TL Zucker
- ½ Liter Fleischbrühe

Für den Schweinebraten: Das Bratenfleisch sollte schön marmoriert sein. Fleisch waschen und mit Salz und Pfeffer einreiben. In einer Kasserolle Butterschmalz erhitzen, Zwiebel mit Nelken und Lorbeerblatt spicken. Zwiebel, Möhre und Brotrinde hineingeben. Fleisch auf allen Seiten schön braun anbraten, Kasserolle in den auf 200 °C (Gas Stufe 3) vorgeheizten Backofen stellen, unter gelegentlichem Begießen mit Fleischbrühe 1 bis 1½ Stunden schmoren lassen. Herausnehmen und auf ein Brett legen. Sauce entfetten. Rest der Fleischbrühe dazugeben, um den Bratenfond vom Boden zu lösen. Sauce mit dem Stärkemehl binden.

Für das Rotkraut: In einem Topf Schweineschmalz erhitzen, geschälte, feingehackte Zwiebel und kleingeschnittenen Speck glasig dünsten. Das feingehobelte Rotkraut daraufgeben und einige Minuten bei geschlossenem Topf dünsten. Mit Rotwein ablöschen. Äpfel schälen, vierteln, Kernhaus entfernen und auf das Kraut legen. Zimt, ganze Nelken, Muskatblüte und etwas Anis darüberstreuen. Rotkraut bei geschlossenem Deckel etwa 1 Stunde sanft köcheln. Es soll durchaus Biß haben. Vor dem Anrichten mit Johannisbeergelee, einem Hauch Zucker und ein Paar Tropfen Rotweinessig abschmecken.

Für die Kastanien: Kastanien von der braunen Schale befreien. In einem kleinen Kochtopf etwa 3 Finger hoch Wasser zum Kochen bringen. Jede Kastanie ein paar Sekunden mit einem Eßlöffel in das kochende Wasser tauchen, die bittere innere Haut abziehen (am besten mit Gummihandschuhen). In einem weiteren Kochtopf Butterschmalz und Zucker unter Rühren erhitzen und den Zucker karamelisieren. Sobald die Butter-Zucker-Mischung braun ist, Kastanien darin bewegen. Zum Schluß kommt – vorsichtig, es spritzt! – so viel heiße Fleischbrühe hinzu, daß die Kastanien bedeckt sind. So lange ziehen lassen, bis die Fleischbrühe eingezogen ist.

ABFÜLLER ZENTRALKELLEREI
WINZERGENOSSENSCHAFTEN EG

Gefüllter Kohlkopf Dithmarscher Art

1 großer Kopf Wirsingkohl
Salz
700 g Räucherspeck
1 Lorbeerblatt
5 Pimentkörner
1 Zwiebel
60 g Schmalz
50 g Mehl
schwarzer Pfeffer
¼ TL Zucker
1 Messerspitze geriebene Muskatnuß
200 g saure Sahne

Den Strunk aus dem Kohlkopf schneiden. Den Kohl in Salzwasser etwa 10 Minuten lang kochen. Den Räucherspeck durch die mittlere Scheibe des Fleischwolfs drehen und beiseite stellen. Den Kohl herausnehmen, abtropfen lassen, halbieren, die inneren Herzblätter herauslösen. In die Aushöhlung den durchgedrehten Räucherspeck füllen. Den Kohlkopf wieder zusammenfügen, mit Küchengarn umwickeln, in Salzwasser mit dem Lorbeerblatt, den Pimentkörnern und der geschälten Zwiebel aufsetzen, die ausgelösten Herzblätter dazugeben und bei mittlerer Hitze in 1½ bis 2 Stunden weich kochen. Den Kohl herausnehmen und warm stellen.
In einem zweiten Topf das Schmalz zerlassen, das Mehl dazugeben und goldgelb rösten. Dann das Mehl unter ständigem Rühren mit dem Schneebesen in die Kohlbrühe geben. Mit Salz, Pfeffer, Zucker und Muskatnuß abschmecken und weitere 10 Minuten köcheln lassen. Zum Schluß die saure Sahne unterrühren.

Den Kohlkopf auf einer Platte anrichten, das Küchengarn entfernen, und die Sauce darübergeben.

In Dithmarschen, jenem Teil Schleswig-Holsteins, in dem die Kohlfelder oft fast bis zum Horizont reichen, wird Kohl nicht nur angebaut, sondern auch verzehrt: in Suppen und Eintöpfen und als Kohlrouladen mit Weiß- oder Rotkohl. Der Rohstoff Kohl war nach dem Krieg sogar in ganz Deutschland ein „Überlebensmittel". Seinen einstigen Ruf als billiger Sattmacher hat dieses Gemüse lange hinter sich gelassen, wie unser Rezept mit Nachdruck beweist.

Schmorbraten mit Altbier

Rinderschmorbraten ist seit jeher ein Fest-essen für die ganze Familie, vor allem, wenn ihre Mitglieder zu den Saucenliebhabern gehören. Das folgende Rezept bezieht seinen Charakter vom Altbier – man kann aber auch eine andere Biersorte verwenden, nur Pils, das bitter wird, oder Malzbier sind in diesem Fall nicht zu empfehlen.

1 kg Rindfleisch zum Schmoren
Salz, schwarzer Pfeffer
5 Scheiben fetter Räucherspeck
2 Zwiebeln
1 Möhre
1 Lorbeerblatt
2 TL Pfefferkörner
3 Gewürznelken
½ Liter Altbier
¼ Liter Fleischbrühe
2–3 EL Essig
1 EL Rübenkraut (Zuckerrübensirup)
20 g Mehl
20 g Butter

Rindfleisch waschen, mit Küchenkrepp trockentupfen, ringsherum mit Salz und frisch gemahlenem Pfeffer einreiben. Schmortopf mit dünnen Speckscheiben auslegen und den Braten daraufgeben. Zwiebeln schälen und grob schneiden, Möhre schälen und würfeln, beides mit Lorbeerblatt, Pfefferkörnern und Gewürznelken in den Schmortopf geben, Bier und Fleischbrühe angießen. Essig mit Rübenkraut vermengen und in die Biermischung rühren. Den Topf zudecken und den Braten in 1½ bis 2 Stunden bei 200 °C (Gas Stufe 3) gar schmoren. Das Fleisch aus dem Topf nehmen und warm stellen, den Schmorfond durch ein Sieb streichen. Mehl in Butter bräunen und mit Fond ablöschen, 8 Minuten durchkochen, mit Pfeffer, Salz und Essig abschmecken. Fleisch in Scheiben schneiden und mit Sauce bedeckt anrichten. Dazu passen beliebige frische Salate oder Gemüse und Salzkartoffeln oder Kartoffelklöße, letztere auch in Kombination mit Backobst.

Gefüllte Weihnachtsgans

1 Gans von 3–3,5 kg
Salz, Pfeffer
8 kleine Zweige Beifuß
8 kleinere säuerliche Äpfel (Boskop)
Nach Belieben:
2 EL gequollene Sultaninen

Die Gans sauber putzen, etwa noch vorhandene Stoppeln mit einem brennenden Fidibus absengen, innen und außen gut waschen und trockentupfen. Etwas von dem Fett in der Gans auslösen und beiseite stellen. Die Gans innen und außen salzen und pfeffern und mit der Hälfte des zerbröselten Beifußes innen einreiben. Die Äpfel waschen, achteln, Kernhaus und Stiel entfernen, jedoch nicht schälen und zusammen mit dem restlichen Beifuß und nach Belieben mit gequollenen Sultaninen in die Gans füllen, die am Hals und am Sterz zugenäht wird.

Die Hälfte vom Gänsefett in eine ausreichend große ovale Pfanne geben und etwa ⅛ Liter Wasser zufügen. Die Gans mit der Brust nach unten in die Pfanne legen und mit den restlichen Gänsefettflocken belegen. Die Pfanne in den auf 230 °C (Gas Stufe 4) vorgeheizten Backofen schieben. Nach gut 30 Minuten die Gans mit der Brust nach oben drehen und unter Schenkel und Flügeln mit einer dünnen Nadel einige Male anstechen, damit überschüssiges Fett ablaufen kann. Nach etwa 5 bis 10 Minuten den Herd auf 180 °C und nach weiteren 45 Minuten auf 130 °C herunterschalten.

Alle 10 Minuten den Braten abwechselnd mit dem Bratenfett und heißem Wasser begießen, damit er schön braun wird. Während der letzten 15 bis 20 Minuten die Gans mit kaltem Wasser begießen, damit sie eine schön knusprige Haut bekommt. Dazu serviert man Salzkartoffeln oder Kartoffelklöße und Apfelrotkohl.

Gänsebraten ist überall in Deutschland verbreitet. Bei den Füllungen aber sind die Feinschmecker sehr variabel. Die in alten Kochbüchern oft erwähnte Füllung aus eingeweichten Backpflaumen wird nur noch selten bevorzugt. Doch die Äpfel für das Gansinnere achteln und in Butter kurz anschmoren, wie es Fontanes Großmutter handschriftlich niederlegte, ist recht beliebt. Sie war es auch, die eine halbe Tasse gequollene Sultaninen zu den Äpfeln als Füllung gab, was sehr empfehlenswert ist.

Wildente in Orangensauce

3 junge Wildenten (zusammen 1,6–1,8 kg ohne Knochen)
Salz, schwarzer Pfeffer
Öl zum Braten
1–2 TL Instant-Gemüsebrühe
1 TL Tomatenmark
¼ Liter Wasser
¾ Liter Orangensaft
2 unbehandelte Orangen
40 g Zucker
80 g Butter

Die küchenfertigen Enten innen auswaschen, abtrocknen und in 4 Teile teilen (2 Keulchen, 2 Brüstchen). Die Brüstchen vom Knochen lösen, mit Salz einreiben, leicht pfeffern und im Öl goldbraun anbraten. Herausnehmen, beiseite stellen.
Den Backofen auf 220 °C (Gas Stufe 4) vorheizen. Die Rückenknochen kleinhacken und im Bräter in Öl scharf anbraten. Die Gemüsebrühe und das Tomatenmark zugeben, eßlöffelweise mit Wasser ablöschen. 8 bis 10 Minuten im vorgeheizten Backofen belassen, bis eine hellbraune Farbe erreicht ist. Vom Orangensaft 2 cl zur Seite stellen. Die Orangenschalen kurz blanchieren, in Streifen schneiden und mit dem restlichen Orangensaft hinzufügen. Zucker und die Entenkeulen hineingeben. Bei 220 °C etwa 40 bis 50 Minuten garen.
Nach 30 Minuten die Brüstchen in den Bräter geben. Nach dem Garwerden Keulen und Brüstchen herausnehmen, warm stellen.
Die Sauce durch ein Sieb passieren und einkochen, bis sie sämig genug ist. Die Sauce in den Mixer geben und die kalte Butter unterrühren, abschmecken. Die filierten Orangen in dem zuvor beiseite gestellten Orangensaft kurz erhitzen und zu den angerichteten Keulen und Brüstchen legen. Das Fleisch mit der erhitzten Sauce begießen und mit Streifen von Orangenschale bestreuen. Dazu Kartoffelcrêpes reichen.

Wer von Wildenten spricht, meint fast immer Stockenten. Denn um sie geht es in erster Linie, wenn im August die Jagd auf das bunte Federvieh aufgeht. So munden sie den ganzen Herbst, sind aber als Weihnachtsbraten ebensowenig zu verachten.

Weihnachtstruthahn

Zutaten für 8–10 Personen:

Für die Füllung:
- 250 g Mandeln
- 150 g Puderzucker
- 1 Eiweiß
- 200 g Schinkenspeck
- 100 g Dörraprikosen
- 100 g Dörräpfel
- 1 unbehandelte Zitrone

Für den Braten:
- 1 Truthahn von ca. 4 kg
- 3 EL Schweineschmalz
- Salz, Pfeffer
- ½ Liter trockener Weißwein
- 1 Lorbeerblatt
- 1 große Zwiebel
- 4 Knoblauchzehen
- 1 Bund Petersilie
- 1 Brühwürfel
- einige Safranfäden
- ½ TL Zimt
- 1 Messerspitze geriebene Muskatnuß
- 2 Nelken
- 1 kg Kartoffeln
- Fett zum Fritieren

Zuerst die Füllung zubereiten: Mandeln fein hacken oder reiben und mit Puderzucker und Eiweiß zu Marzipan gut verkneten. Schinken und Dörrobst kleinwürfeln, Zitronenschale abreiben und alles mit dem Marzipan vermengen. Bratfertigen Truthahn damit füllen, zunähen, mit Schmalz einreiben, mit Salz und Pfeffer würzen, Wein in einen großen Bräter gießen, Lorbeerblatt hineinlegen und den Truthahn darin bei 200 °C (Gas Stufe 3) etwa 4 Stunden braten. Truthahn zwischendurch mit Schmalz bestreichen und Fett abschöpfen. Etwa 1 Stunde vor Ende der Garzeit geschälte, kleingehackte Zwiebel, Knoblauchzehen und gewaschene, fein zerkleinerte Petersilie, den in wenig Wasser aufgelösten Brühwürfel und Safran mit den Gewürzen dazugeben. Kartoffeln in breite Stifte schneiden, hellgelb fritieren, 10 Minuten vor dem Servieren in die Sauce geben und noch etwas mitschmoren lassen.

Truthahn ist in den USA zwar das Nationalgericht am Thanksgiving Day Ende November. Doch er setzt sich mehr und mehr in vielen Ländern als guter Ersatz für die traditionelle Weihnachtsgans durch. Unser sehr altes Rezept heißt im Original *Indiot de Nadal* und stammt von dem Mittelmeer-Eiland Mallorca.

Rehkeule

1 Rehkeule (etwa 2,5 kg)
200 g dünne Scheiben Speck
Salz, weißer Pfeffer
1 große Scheibe fetter Speck
Bratfett
1 Möhre
1 Zwiebel
150 g Sellerieknolle
1 Petersilienwurzel
1 Bund Petersilie
Thymian, 1 Lorbeerblatt
2 Pimentkörner, 5 Wacholderbeeren
½ Liter Milch
⅛ Liter süße Sahne
250 g saure Sahne
nach Geschmack 200–250 g Champignons und
50 g Preiselbeeren

Die Rehkeule waschen und trockentupfen. Die Speckscheiben in dünne Streifen schneiden und die Keule damit spicken. Mit Salz und Pfeffer einreiben und mit der Speckscheibe umwickeln. Im erhitzten Fett von allen Seiten anbraten. Die geputzten, kleingeschnittenen Gemüse sowie die Kräuter und Gewürze zugeben. Die Milch zugießen und den Braten zugedeckt im vorgeheizten Backofen 2½ Stunden bei 200 °C (Gas Stufe 3) schmoren lassen. Danach die Keule warm stellen und die Garflüssigkeit durch ein Sieb gießen. Etwas einkochen lassen und mit süßer und saurer Sahne verfeinern und nochmals abschmecken.
Sehr gern ißt man dazu Pilze und Preiselbeeren. Eine gute Ergänzung ist aber auch Sahnesauce mit Ziegenkäse.

Wir haben dieses Rezept zwar aus Norwegen, doch ist das Reh fast überall heimisch. Was aus den Wäldern stammt, wird seit alters her in der Küche sehr geschätzt, bedeutet es doch eine willkommene Bereicherung eines jeden Speisezettels mit mageren, wohlschmeckenden Braten. Das trifft besonders für das Rehwild zu, das ja nicht grast, sondern äst. Es nascht sozusagen nur von den erlesensten Kräutern.

Bratäpfel mit Eis und Karamelsauce

4 mittelgroße Äpfel
4 TL Zitronensaft
60 g Mandelstifte
Butter für die Auflaufform
Für die Füllung:
125 g Zucker
½ Tasse Wasser
½ Tasse Sultaninen
½ Tasse Walnußkerne gehackt
20 ml Calvados
½ TL Zimt
4 große Kugeln Vanilleeis

Die Äpfel waschen, abtrocknen und mit einem Ausstecher das Kernhaus entfernen. Die Höhlung mit einem Messer oder Löffel erweitern und sogleich die Äpfel innen und die ausgelösten Apfelstücke mit Zitronensaft beträufeln. Die Apfelstücke beiseite legen. Mit einem Zahnstocher die Äpfel außen einstechen und mit Mandelstiften spicken. In eine eingefettete Auflaufform setzen. Den Backofen auf 200 °C (Gas Stufe 3) vorheizen.
In einem Topf die ausgelösten Apfelstücke mit Zucker und Wasser aufkochen, dann die Flüssigkeit abgießen und Sultaninen, Nüsse, Calvados und Zimt mit den Apfelstücken vermischen. Die Äpfel mit der Masse füllen und im vorgeheizten Backofen etwa 30 Minuten backen.
Die Bratäpfel auf Dessertteller setzen, das Eis auf die Äpfel geben und mit Karamelsauce servieren.

Für die Karamelsauce:
350 g Zucker
150 g Puderzucker
½ Liter süße Sahne

In einem Topf den Zucker mit einem Holzlöffel rührend zum Schmelzen bringen, bis er goldgelb geworden ist, von der Herdplatte nehmen und etwas abkühlen lassen.
Sahne erhitzen, bis sie etwa gleich warm ist wie der Zucker, und beides miteinander verrühren.

Englischer Schokoladenpudding
Kakao-Mokka-Flammeri

Für den Schokoladenpudding (oben):

- Butter zum Einfetten der Puddingform
- Semmelbrösel
- 150 g Kuvertüre oder Tafelschokolade
- 100 g gemahlene Mandeln
- 60 g Biskuit oder Löffelbiskuits
- 35 g Mehl
- 2 EL Kakaopulver
- 5 Eier
- 125 g Butter
- 80 g Zucker
- ½ TL gemahlener Zimt
- 1 Päckchen Vanillezucker
- 5 Eiweiß

Eine mit Deckel versehene 1,5-Liter-Puddingform mit Butter einfetten und mit Semmelbröseln ausstreuen. Die Schokolade raspeln und mit den Mandeln, den Biskuitstückchen, Mehl und Kakao vermischen. Die Eier trennen. Das Eiweiß zu Schnee schlagen. Die weiche Butter mit Eigelb, Zucker und Zimt schaumig rühren. Zuerst die Schokoladenmasse in die Eigelbmasse geben, dann den Eischnee vorsichtig unterziehen. Die fertige Masse in die Form füllen und mit dem Deckel verschließen.

Die Form in einen mit Wasser gefüllten Topf stellen und im vorgeheizten Backofen bei 200 °C (Gas Stufe 3) etwa 45 bis 50 Minuten garen. 15 Minuten auskühlen lassen, auf eine Platte stürzen. Nach Belieben mit heißen Saucen servieren.

Für den Kakao-Mokka-Flammeri:

- ¼ Liter süße Sahne
- ¾ Liter Vollmilch
- 100 g Zucker
- 3 Päckchen Vanillezucker
- 100 g Speisestärke
- 3 TL Pulverkaffee
- 3 EL Schokoladenpulver

Sahne mit 600 ml Milch, dem Zucker und dem Vanillezucker aufkochen lassen. Speisestärke, Kaffee und Schokoladenpulver mit der restlichen Milch glattrühren und in die kochende Milch geben, wieder aufkochen. In Flammeri-Formen füllen und gut abkühlen lassen. Zum Servieren auf Teller stürzen und nach Belieben mit Fruchtsauce oder Vanillesauce genießen.

Rumtopfeis-Crêpes

Crêpes für 6 Personen:

- 20 g Butter
- 65 g Weizenmehl
- 20 g Puderzucker
- 1 Päckchen Vanillezucker
- 1 Eigelb
- 60 ml Vollmilch
- 2 EL Kondensmilch
- 1 TL Rum
- 30 g Butter zum Ausbacken

Butter flüssig werden lassen. Alle anderen Teigzutaten in einer Schüssel mit dem Handrührgerät vermischen und kurz aufschlagen, die flüssige Butter darunterrühren. Der Teig muß dünnflüssig sein, sonst noch etwas Sahne oder Milch zugeben. Dann 30 Minuten ruhen und ausquellen lassen.

Butter in der Pfanne erhitzen, mit einem Schöpflöffel wenig Teig hineingeben und dünn zerlaufen lassen. Die Crêpes auf beiden Seiten hellgelb backen. In einer zweiten Pfanne die fertigen Crêpes jeweils zu Vierteln zusammenlegen und bis zum Servieren warm stellen.

Rumtopfeis für 6 Personen:

- ⅛ Liter süße Sahne
- 6 gebackene Crêpes
- 12 EL Rumtopffrüchte
- 6 Kugeln Mandeleis
- (Rezept siehe nächste Seite)
- 6 Kugeln Rumtopfeis (Rahm- oder Vanilleeis mit ca. 100 g kleingeschnittenen Rumtopffrüchten vermischt und einmal durchgefroren)
- 12 EL Schokoladensauce
- 6 EL geröstete Mandelblättchen
- 1 EL Puderzucker

Sahne steif schlagen. Auf vorgekühlte Dessertteller je 1 gefaltetes Crêpe legen, mit Rumtopffrüchten und Mandeleis füllen und Sahne dazuspritzen. Je 1 Kugel Rumtopfeis beilegen und Schokoladensauce darüberlaufen lassen. Mandelblättchen und einen Hauch Puderzucker darüberstreuen.

Mandeleis
Mandelkuchen

Für das Mandeleis:

- 200 g Mandeln
- 200 g Zucker
- ¼ Liter Wasser
- ½ Liter Milch
- 1 gestrichener TL Zimt
- 1 unbehandelte Zitrone

Mandeln bis auf ein paar Stück schälen, alle anderen Mandeln sehr fein mahlen. Zucker in einen Topf geben und mit etwas Wasser bedecken. Langsam erhitzen und etwa 20 Minuten rühren, bis ein Sirup entsteht. In einem zweiten Topf die Milch und das restliche Wasser erhitzen, Mandelmehl hineingeben und aufkochen lassen. Zuckersirup, Zimt, abgeriebene Zitronenschale und 2 Eßlöffel Zitronensaft hinzufügen, nochmals aufkochen und in eine flache Schale füllen. Nach dem Abkühlen einfrieren. Stündlich umrühren, damit das Eis nicht zu fest wird und nicht kristallisiert.
Nach etwa 4 Stunden kann das Eis serviert werden, mit ungeschälten Mandeln dekoriert. Man kann es aber auch auf Vorrat eingefrieren.

Nirgends wird die Mandel so hofiert wie auf Mallorca. Zahllose Rezepte künden von ihrem Ruhm. So auch dieses Mandeleis, das man oft zusammen mit einem Stück Mandelkuchen, dem *gató*, serviert. Als es noch keine elektrische Kälteerzeugung gab, holten sich die Mallorquiner Eis aus den Bergen. Während der wenigen kalten Tage im Jahr sammelten sie Schnee in speziellen Häusern, stampften ihn in Löchern fest und bedeckten ihn mit Zweigen und Gras. So hielt sich das Eis wochenlang.

Für den Mandelkuchen:

- 6 Eier
- 200 g Puderzucker
- 1 Vanilleschote
- abgeriebene Schale von 1 unbehandelten Zitrone
- 1 gestrichener TL Zimt
- 200 g geschälte Mandeln
- Öl für die Backform
- Puderzucker zum Bestreuen

Eier trennen, die Eigelbe mit dem Puderzucker so lange rühren, bis eine glatte Masse entsteht. Ausgekratzte Vanille, geriebene Zitronenschale und Zimt dazugeben. Mandeln fein mahlen und unterrühren. Eiweiß steifschlagen und unterheben. Den Teig in eine geölte Springform mit mittlerem Durchmesser geben. Kuchen bei 180 °C (Gas Stufe 2–3) 50 bis 60 Minuten backen. Auf ein Kuchengitter stürzen und den erkalteten Mandelkuchen beliebig mit Puderzucker bestreuen.

Nach Valldemossa kommen die Touristen nicht nur wegen George Sand und Frédéric Chopin, sondern auch des vorzüglichen Mandelkuchens wegen, der dort beheimatet ist. Seine Berühmtheit reicht inzwischen weit über dieses Dorf hinaus.

Lebkuchenpudding mit Weinschaumsauce

Für den Pudding:
400 g weißer oder brauner Lebkuchen ohne Oblaten
¼ Liter Milch
6 Eier
50 g Zucker
150 g weiche Butter
Saft von 1 Zitrone
150 g Rosinen
100 g gemahlene Mandeln
1 TL Zimt
2 EL Grieß
Butter für die Form

Den Lebkuchen in kleine Stücke schneiden und in der Milch einweichen. Die Eier trennen und die Eigelbe mit dem Zucker und der Butter schaumig schlagen. Den Lebkuchen unter die Eiercreme mischen, den Zitronensaft, die Rosinen, die Mandeln, den Zimt und den Grieß unterrühren. Eiweiß zu steifem Schnee schlagen und unter die Masse heben.
Die Puddingform mit Butter ausstreichen, Puddingmasse einfüllen und in der Form verteilen. Die Form in einen Topf mit kochendem Wasser stellen, das Wasser sollte aber nur bis 5 cm unter den Rand reichen. Den Pudding jetzt in nur leicht sprudelndem Wasser etwa 1 Stunde garen.
Die Puddingform nach der Garzeit etwas stehen lassen, öffnen und den Pudding herausstürzen. Am besten noch heiß mit der Weinschaumsauce servieren.

Für die Weinschaumsauce:
½ Liter trockener Weißwein
3 Eigelb
100 g Zucker

Den Wein erwärmen. Die Eigelbe mit dem Zucker in einen Schlagkessel geben, den warmen Wein unter Rühren dazugießen und die Sauce im heißen Wasserbad bis zur Rose abziehen, also bis sie cremig ist. Dann den Weinschaum wieder etwas kaltschlagen und servieren, sobald der Pudding fertig ist.

In den Tagen vor dem 6. Januar sind die Sternsinger unterwegs, die Weihnachtszeit geht zu Ende, nun können auch die letzten Lebkuchen gegessen oder zu solch einem leckeren Pudding verarbeitet werden.

Schokolade à l'Europe

Portugiesische Schokolade (unten)
Für 4 Portionen:

- 75 g Vollmilchschokolade
- ¼ Liter Vollmilch
- ¼ Liter Kaffeesahne
- ¼ TL Zimt
- ¼ TL Kardamompulver
- 2 Eier

Die Schokolade in Stücke brechen. Milch mit Kaffeesahne, Schokoladenstücken, Zimt und Kardamom erhitzen, bis die Schokolade geschmolzen ist. Die Eier schaumig schlagen, zu der warmen Milch geben und unter weiterem Schlagen erhitzen, bis die Masse dicklich wird, aber nicht kochen lassen. Die Schokolade in 4 Tassen füllen.

Schottischer Kakao (Mitte)
Für 2 Portionen:

- 3 EL geschlagene süße Sahne
- 1 EL schottischer Cream-Whisky
- 100 ml Wasser
- 100 g Diät-Vollmilch-Schokolade,
- 100 ml Magermilch
- 1 EL Diätsüße

Die geschlagene Sahne mit dem Whisky verrühren. Wasser stark erhitzen, Schokoladenstücke darin auflösen, Milch und Diätsüße hinzufügen. Den Kakao mit einem Schneebesen kräftig schlagen und dabei zum Kochen bringen. In 2 Tassen füllen und eine Haube aus Whisky-Sahne aufsetzen.

Französische Schokolade (oben)
Für 2 Portionen:

- ¼ Liter Vollmilch
- 125 g Vollmilchschokolade
- 2 EL Zucker
- 2 Eigelb
- 20 ml Cognac

Zwei Drittel der Vollmilch mit der in Stücke gebrochenen Schokolade und dem Zucker unter Rühren zum Kochen bringen. Restliche Milch mit Eigelb verrühren und in die nicht mehr kochende Milch geben. Die Masse cremig rühren. Den Cognac hinzufügen. Die Schokolade in 3 Tassen füllen und sofort heiß servieren.

Französischer Apfelpunsch
Sbiten

Apfelpunsch für 4–6 Personen (Foto):

1 Liter starker Tee
100 g brauner Kandis
500 g säuerliche Äpfel
½ frische Ananas
½ Limette
½ Zimtstange
2 Gewürznelken
je 3 Koriander- und Pimentkörner
⅛ Liter Calvados
¼ Liter süße Sahne
brauner Kandis zum Garnieren

Starken Tee zubereiten, in einen Topf gießen und den Kandis dazugeben. Früchte schälen und in dünne Scheiben schneiden, zum Tee geben, die Gewürze hinzufügen, aufkochen und bei schwacher Hitze 5 Minuten ziehen lassen. Von der Herdplatte nehmen, den Calvados hineinrühren, alles durch ein Sieb geben und heiß in Gläser oder Becher füllen. Steifgeschlagene Sahne obenauf setzen und mit gestoßenem Kandis garnieren.

Ein duftiger Punsch, der seinen Geschmack von Äpfeln und Ananas bezieht und dank einer sparsamen Spirituosenzugabe (Calvados) extrem alkoholschwach ausfällt. Er schmeckt heiß am besten, man kann ihn aber auch als kühles Sommergetränk servieren oder – heiß oder kalt – ganz ohne Alkohol. Der Apfelschnaps Calvados stammt aus der Normandie in Frankreich, wo er sich seit 1553 nachweisen läßt. Er wird aus dem säuerlichen Apfelwein Cidre destilliert, zu dem der größte Teil der normannischen Apfelernte verarbeitet wird.

Sbiten für 4 Personen:

120 g Honig
1½ Liter Wasser
80 g Zucker
3 Gewürznelken
5 schwarze Pfefferkörner
1 Messerspitze Ingwerpulver
1 TL Zimt
2 TL getrocknete Minze

Honig und ¼ Liter Wasser kurz aufkochen lassen und den Schaum entfernen. Zucker ebenfalls mit ¼ Liter Wasser aufkochen, mit dem Honigwasser mischen und auf kleiner Flamme so lange kochen, bis das Wasser weitgehend reduziert ist. In 1 Liter Wasser kocht man nun die Gewürze 15 Minuten im geschlossenen Topf, läßt sie noch weitere 10 Minuten ziehen und gießt dann die Gewürzflüssigkeit durch ein feines Sieb in die Honig-Zucker-Mischung. Alles zusammen noch einmal kurz erhitzen und sehr heiß servieren.

Uralt sind die russischen Honiggetränke. Bienen und Honig spielen eine große Rolle in russischen Mythen, Sagen und Märchen. Bereits im Mittelalter belieferte Rußland weite Teile Europas mit dem wertvollen Bienenhonig aus seinen Wäldern. Damals schon trank man Sbiten an Stelle von Tee, aber auch als Tafelgetränk. Heute trinkt man es mit besonderer Vorliebe an eiskalten Wintertagen.

S D'AUGE LE BREUIL-EN-AUGE
ADOS
d'Auge
AUGE CONTRÔLÉE

Serbische Bohnensuppe
Linsensuppe mit Würstchen

Für die Serbische Bohnensuppe (Foto):

- 250 g getrocknete weiße Bohnen
- je 1½ Liter Wasser und Fleischbrühe
- 300 g geräucherter Schweinebauch
- 200 g Wurzelwerk (Möhre, Petersilie, Lauch)
- 1 Lorbeerblatt
- 40 g Fett zum Braten
- 200 g Zwiebeln
- 1 Knoblauchzehe
- 10 g Mehl
- 1 EL Tomatenmark
- 1 EL Edelsüßpaprika
- Salz
- 1 Paprikaschote nach Belieben
- 1 EL gehackte Petersilie

Bohnen waschen und über Nacht in Wasser einweichen. Anderntags das Wasser abgießen, durch kalte Fleischbrühe ersetzen, das geräucherte Fleisch, das feinnudelig geschnittene Wurzelwerk und das Lorbeerblatt beigeben und alles zusammen langsam weich kochen.
In einer Pfanne Fett erhitzen, die geschälten, feingehackten Zwiebeln und die zerdrückte Knoblauchzehe anrösten, mit dem Mehl bestreuen, Tomatenmark, Paprikapulver, Salz und die kleingehackte Paprikaschote hinzufügen, gut durchrühren und die Masse in die Suppe geben. Bei mäßiger Hitze 10 Minuten ziehen lassen.
Danach das Fleisch herausnehmen, in Würfel schneiden, in eine Terrine legen, die Suppe darübergießen. Mit Petersilie bestreuen. Sehr heiß mit Brot servieren.

Linsensuppe für 8 Personen:

- 1 kg Linsen
- 2 Liter Wasser
- 4 mittelgroße Zwiebeln
- 250 g Speck
- 2 Lorbeerblätter
- 6–8 Möhren
- 8 Kartoffeln
- 40 g Mehl
- 40 g Butter
- Salz, Pfeffer
- Essig
- Wiener Würstchen

Die Linsen am Vorabend einweichen. In gut 2 Liter Wasser mit den geschälten, gehackten Zwiebeln, dem in Würfel geschnittenen Speck, den Lorbeerblättern und den geputzten, nicht zerkleinerten Möhren etwa 90 Minuten weich kochen. In der letzten halben Stunde die in Würfel geschnittenen Kartoffeln dazugeben. Das Mehl in der zerlassenen Butter anrösten und in die Suppenflüssigkeit geben. Noch 10 Minuten durchkochen. Mit Salz, Pfeffer und Essig abschmecken. Die Wiener Würstchen in die heiße – nicht kochende – Suppe geben und gut 5 Minuten ziehen lassen. In einer Kasserolle servieren.

Speckendicken

Sektpyramide

Für die Speckendicken (großes Foto):

- ca. 10 dünne Speck- und Mettwurstscheiben
- 500 g Mehl (je zur Hälfte Roggen- und Weizenmehl)
- 2 große EL Zuckerrübensirup
- 1 TL Anis
- 1 Prise Salz
- ¼ Liter Milch
- eventuell Kardamom und Rosinen

Eine Bratpfanne mit den Speck- und Mettwurstscheiben auslegen und bei geringer Hitze etwas ausbraten. In der Zwischenzeit die übrigen Zutaten miteinander zu einem dickflüssigen Pfannkuchenteig verrühren, diesen nun in die Pfanne geben und von beiden Seiten goldgelb backen.

Diese typisch friesische Schleckerei wird für den Silvesterabend vorbereitet und erhält ihre besondere Note durch das Ausbraten in Speck und Mettwurst. Wer den Anklang an das gerade vergangene Weihnachtsfest noch herstellen möchte, der kann auch noch Kardamom und Rosinen hinzufügen. Doch allzu süß sollte man diesen Pfannkuchen nicht werden lassen.

Für die Sektpyramide:

Sie steht schon den ganzen Abend auf dem Tisch, in einem spiegelnden Tablett. Kurz vor Mitternacht läßt man die Korken knallen und beginnt mit dem Eingießen im obersten Glas. Der Sektstrahl fließt, wie im römischen Brunnen überströmend, von Schale zu Schale. Vielleicht müssen die untersten Gläser noch etwas nachgefüllt werden. Es ist ein herrliches Spiel vor dem Prost aufs neue Jahr.

MARQUE CRÉÉE
75cl SÉLECTION
PRODUCE OF FRANCE
DEZEMBER
28
DEZEMBER
DEZEMBER
31

Fondue Moitié-Moitié

Brot
1 Knoblauchzehe
400 g geriebener Gruyère (Greyerzer)
4 gestrichene TL Speisestärke
350 ml Weißwein
1 TL frischer Zitronensaft
400 g grobgeraffelter Freiburger Vacherin
1 Gläschen Kirschwasser
Pfeffer
geriebene Muskatnuß
1 Prise Cayennepfeffer

Das Brot in mundgerechte Würfel schneiden und in einem Korb bereits auf den Tisch stellen. Der Caquelon (die feuerfeste Schüssel mit Stiel) wird gut mit der Knoblauchzehe ausgerieben. Den Gruyère mit der Speisestärke vermischen und zusammen mit dem Wein und dem Zitronensaft auf dem Herd unter ständigem Rühren aufkochen, bis der Käse geschmolzen ist. Die Hitze reduzieren, weiterrühren und den Vacherin beigeben. Sobald dieser geschmolzen ist, mit Kirsch, Pfeffer, Muskat und ein wenig Cayennepfeffer würzen und sofort servieren. Auf dem Rechaud sollte die Fondue nur noch warm gehalten, nicht mehr gekocht werden.

Fondue läßt sich aus den verschiedensten Käsemischungen herstellen. Ein Gruyère sollte aber immer dabei sein, und das nicht zu knapp. Sehr verbreitet ist eine Mischung aus Emmentaler und Gruyère, aber auch Raclette, Appenzeller, Tilsiter und Sbrinz können verwendet werden. Zur Verfeinerung bietet sich zusätzlich ein Anteil Weichkäse an, besonders cremig-würzig wird es mit Vacherin wie hier. Bei manchen Käsehändlern kann man auch eine individuelle Spezialmischung erstehen.

Zur Fondue geeignete Weine sollten spritzig und eher trocken sein. Weil sie heute aber meist zu wenig Säure enthalten, fügt man etwas Zitronensaft zu. Sie können auch Apfelwein oder Champagner nehmen.

Für die Würze haben wir in den Zutaten nur den Standard angegeben. Ganz nach Geschmack läßt sich die Fondue auch mit Zwiebeln, Kümmel, Paprika, grünem Pfeffer oder gar etwas Curry verfeinern.

Praktisch alle Brotsorten schmecken gut, nur sollte das Weißbrot nicht zu frisch sein, weil es sonst zerfällt.

Heringssalat
Heringssauce

Für den Heringssalat:

2 küchenfertige Salzheringsfilets (je 200 g)

1 Salzgurke

100 g eingelegte rote Bete

2 große säuerliche Äpfel

250 g Pellkartoffeln

250 g Kalbsbraten (fertig gebraten am Stück)

Für die Salatsauce:

3 EL Apfelmus

1 TL mittelscharfer Senf

2 EL Zitronensaft

je 3 EL Essig und Öl

weißer Pfeffer, Salz, Zucker

Schnittlauch

Salzheringe abspülen und 3 Stunden wässern. Dann die Salzheringsfilets, die Salzgurke, die rote Bete, die Äpfel, die Pellkartoffeln und den Kalbsbraten würfeln.

Für die Sauce: Apfelmus, Senf, Zitronensaft, Essig und Öl verrühren. Mit Pfeffer, Salz und Zucker abschmecken. Zuerst die Salzheringswürfel in die Sauce geben, dann die anderen Zutaten unterheben. Abschmecken, 30 Minuten ziehen lassen, eventuell noch einmal abschmecken. Mit feingehacktem Schnittlauch bestreuen und mit Schwarzbrot und Butter servieren.

Für die Heringssauce:

2 Salzheringsfilets

2 mittelgroße Zwiebeln

50 g Butterschmalz

2 EL Mehl

½ Liter Rinderbouillon

1 TL Kapern

1 Schuß Weißwein

3 Stiele Estragon

50 g sehr kleine Champignons aus dem Glas

abgeriebene Schale von 1 unbehandelten Zitrone

2 EL saure Sahne

2 TL gehackte Kräuter (Dill, Schnittlauch, Petersilie, Kerbel)

geriebene Muskatnuß

Die Heringsfilets 1 Stunde wässern, dabei das Wasser mindestens einmal erneuern. Abtropfen lassen und fein hacken. Zwiebeln schälen und ebenfalls fein hacken. Butterschmalz in einem Topf erhitzen, die Zwiebelwürfel darin glasig werden lassen. Das Mehl einstreuen, alles unter Rühren hellgelb anrösten. Mit der Rinderbouillon aufgießen und aufkochen. Die Kapern ebenfalls fein hacken. Heringe, Kapern, Weißwein, Estragon, Champignons, Zitronenschale, saure Sahne und Kräuter unterrühren. Mit Muskatnuß abschmecken. Dazu schmecken kleine neue Pellkartoffeln. Und wer möchte, kann die Heringssauce vor dem Servieren fein pürieren.

Die Rezepte alphabetisch

Soweit in den Rezepten nichts anderes angegeben ist, sind die Zutaten für vier Personen berechnet.

Bildquellen

Bilderberg: Frieder Blickle 13
G + J Fotoservice: Deimling 4; Frahm/Türck 11
IFA: Digul 44; EBI 7, 48, 70; Gerig 56; W. Otto 14; Schösser 2, 9, 26, 32; Siebig 36
Mosaik Verlag: Thoma 8, 10
Hartmut Schmidt: 80
Sigloch Bildarchiv: Hans Joachim Döbbelin 88 sowie alle ungeraden Seiten 15–93

Redaktionelle Bearbeitung: Friedhelm Messow

 Printed in Germany
Reproduktion: Otterbach Repro, Rastatt
Satz: Sigloch Edition, Künzelsau
Druck: W. Kohlhammer, Stuttgart
Papier: 135 g/m² BVS chlorfrei der Papierfabrik Scheufelen, Lenningen
Bindearbeiten: Sigloch Buchbinderei, Künzelsau
ISBN 3-89393-130-9